Doris Leupold, Juli 74

Zu diesem Buch

Das gesellschaftlich organisierte Bildungswesen steckt in einer tiefen Krise. Georg Pichts «Entdeckung» des Bildungsnotstandes rief Reformer aller Schattierungen auf den Plan. Aber so leicht die Diagnose der Krise gelang, so schwer fällt die Überwindung. Schon wird das Scheitern der Bildungsreform verkündet, so als habe es tatsächlich einen Reformversuch gegeben, der Institutionen und Ziele der Ausbildung grundlegend verändern sollte. Wer glaubt, man könne den Bereich der Ausbildung isoliert von seiner gesellschaftlichen Funktion oder im Hinblick auf Bedarfsrechnungen der Industrie kurieren, bereitet in der einen Krise bereits die nächste vor. Allein aus einer Analyse, die die gegenseitige Abhängigkeit von Lernarbeit und Lohnarbeit und den Widerspruch zwischen Mobilität der Gesellschaft und Stabilität der Ausbildungssysteme aufdeckt, können Ansätze demokratischer Bildungsplanung entstehen.

Michael Masuch, Diplomsoziologe, geboren 1949 in Berlin, studierte an der Freien Universität Berlin Soziologie, Philosophie und Ökonomie. Er ist wissenschaftlicher Tutor am Philosophischen Seminar der FU Berlin und Lehrbeauftragter für Bildungsökonomie an der Universität Bremen. Zeitweilig war er Mitarbeiter der Projektgruppe «Gesamtschule» am Pädagogischen Zentrum Berlin.

Michael Masuch

Politische Ökonomie der Ausbildung

Lernarbeit und Lohnarbeit im Kapitalismus

rororo

Rowohlt

«Politische Erziehung» veröffentlicht für Schüler, Lehrlinge, Studenten, Eltern, Sozialarbeiter und Lehrer

- Projektberichte aus Schul-, Hochschul-, Stadtteil-, Betriebs- und Sozialarbeit,
  Berichte und Analysen wichtiger Erziehungskonzeptionen, auch aus anderen Ländern,
  Erfahrungen und Perspektiven der Organisation aller im Ausbildungsbereich Tätigen;
- Vorschläge, Modelle und Materialien für eine veränderte Praxis in den genannten Bereichen, insbesondere Vorschläge zum Unterricht für Lehrer und Schüler;
- Untersuchungen des Zusammenhangs von Produktion, Ausbildung und Bewußtseinsbildung, die Voraussetzungen sind für eine politische Erziehung.

Herausgeber: Johannes Beck, Heiner Boehncke, Gerhard Vinnai

ERSTAUSGABE

Veröffentlicht im Rowohlt Taschenbuch Verlag GmbH,
Reinbek bei Hamburg, Dezember 1972
Umschlagentwurf Jürgen Wulff

Satz Aldus (Linofilm-Super-Quick)
Gesamtherstellung Clausen & Bosse, Leck/Schleswig
Printed in Germany
ISBN 3 499 16813 8

Vorbemerkung

Der vorliegende Text ist das Ergebnis von Diskussionen, die in verschiedenen Arbeitsgruppen zur Politischen Ökonomie des Ausbildungssektors an der Freien Universität Berlin geführt worden sind. An der Diskussion des Manuskripts selbst waren mit kritischen Hinweisen beteiligt: Sophie v. Behr, Peter Furth, Herbert Maaß, Wolfgang Pfaffenberger, Nils Schmerling, Klaus Vetter und Andrea Volard.

Berlin, im Juni 1972

Nichts kennzeichnet eine Gesellschaft treffender als die Bildung ihrer Bürger.

Willy Brandt

1 Bildungskrise und Bildungsreform

1.1 Bildungskrise

Das Ausbildungssystem, das gesellschaftlich organisierte Bildungs- und Ausbildungswesen, steckt in der Krise. Die Analyse der gegenwärtigen Tendenzen, denen das Ausbildungssystem unterliegt und die seine Entwicklung bestimmen, muß von dieser Krise ausgehen. Die Bildungskrise ist allgemein und offensichtlich. Die Öffentlichkeit ist sich der Krise bewußt, obgleich dieses Bewußtsein relativ jungen Datums ist.

Entdeckt wurde die Bildungskrise 1964 von Georg Picht, Ordinarius für Religionsphilophie in Heidelberg. Picht hatte Prognosen ausgewertet, die die OECD[1] 1963 für die Entwicklung des Bildungswesens in einer Reihe von Ländern aufgestellt hatte. Was die Bundesrepublik angeht, waren die Resultate deprimierend. Für den Zeitraum von 1959 bis 1970 errechnete die OECD eine Steigerung der Arbiturientenquote von 51 400 auf 53 300, also um weniger als 4 Prozent. Für andere vergleichbare Länder wurden zumindest Steigerungsraten von 100 Prozent prognostiziert. Picht kam angesichts dieser Zahlen zu dem Schluß, daß das deutsche Bildungswesen vor dem Zusammenbruch stehe und kreierte die «deutsche Bildungskatastrophe»[2]. Sollten sich die Prognosen bewahrheiten, dann werde die Bundesrepublik «in naher Zukunft [. . .] auch wirtschaftlich und politisch nur noch eine untergeordnete Rolle spielen»[3].

Für Picht war die Krise noch eine relativ isolierte Erscheinung und auf die Bundesrepublik beschränkt, denn er leitete sie aus internationalen Vergleichen ab. Würde sich das Bildungsniveau in anderen Ländern in nächster Zukunft erheblich steigern lassen, so müßte die Bundesrepublik zurückfallen. Heute scheinen die Abiturientenquoten für die Qualität des Bildungswesens kein verläßlicher Index mehr zu sein. Schon damals wurde vor der Beschränkung auf dieses «symbolische Ziel jeder Politik der Expansion des Bildungswesens»[4] gewarnt. «Mit Recht haben sich die bildungspolitischen Diskussionen und Planungen der letzten Jahre auf dieses Ziel konzentriert – mit Recht setzen auch die Kritiker einer aktiven Bildungspolitik an der Frage an, ob wir wirklich mehr Abiturienten brauchen und wollen.»[5] Immerhin ist eine gewisse Naivität entschuldbar, denn zu dieser Zeit müssen «Rußlandreisende berichten, daß die russische Politik bestrebt sei, aus den Russen ein Volk von Abiturienten zu machen»[6].

Die Krise stellte sich zu diesem Zeitpunkt für Picht so dar: Von der wissenschaftlichen Potenz eines Landes, der Zahl seiner Nobelpreisträger, zumindest aber der Zahl seiner Abiturienten hängt im internationalen Konkurrenzkampf der Rang einer Nation letztlich ab. Gelingt es ihr, die Spitze des wissenschaftlichen und technologischen Fortschritts zu halten, so ist ihr Wohlstand, ihr Ansehen, ihre Stabilität gesichert. Fällt sie zurück, dann wird sich langfristig auch ihr relativer Reichtum nicht mehr garantieren lassen. «Es dürfte deutlich geworden sein, daß die Bildungskatastrophe, der wir entgegensehen, das gesamte System unserer Verfassung erschüttern könnte, wenn man es versäumt, rechtzeitig zu handeln.»[7] Nun sind internationale Vergleiche zwar ein Weg, um Krisen zu diagnostizieren, sie reichen aber zu ihrer Analyse nicht hin.

Die «Bildungskatastrophe», der «Bildungsnotstand» schien zunächst ein spezifisch deutsches Phänomen zu sein, denn es ließ sich aus Besonderheiten der bundesrepublikanischen Entwicklung herleiten: der Geschichte des wirtschaftlichen Aufbaus, der Rekonstruktionsperiode, nach dem Zweiten Weltkrieg sowie dem Flüchtlingsstrom aus der DDR, mit dem besonders die qualifizierten und hochqualifizierten Arbeitskräfte in die BRD kamen, die hier wesentlich mehr Geld als zu Hause verdienen konnten. In der Phase des wirtschaftlichen Aufbaus konnte noch auf das vorhandene Potential qualifizierter Arbeitskräfte zurückgegriffen werden, der Mangel, der an qualifizierten Arbeitskräften dennoch entstand, war durch die Zuwanderung gedeckt. Die wirkliche Abiturientenquote in der Bundesrepublik war in der Tat daher viel höher als die berechnete, solange ständig überproportional viele Arbeitskräfte mit Oberschul- oder Hochschulabschluß ins Land strömten.[8]

Zu dem Zeitpunkt, zu dem die Grenzen der DDR geschlossen wurden, 1961, verschärfte sich der internationale Konkurrenzkampf, die Bundesrepublik tritt erstmals nach dem Zweiten Weltkrieg wieder in den allgemeinen Konjunkturzyklus des internationalen Kapitals ein. Es ist also konsequent, daß die Krise Mitte der sechziger Jahre in Erscheinung tritt. Ein Ausbildungssystem, das sich mit seiner Produktion an den Flüchtlingsstrom schon längst gewöhnt hatte, stand unter dem Zwang, plötzlich und unerwartet stark expandieren zu müssen.

So leicht es schien, die Krise zu diagnostizieren, so banal schien auch die Therapie, wenn auch nicht unbedingt erfolgversprechend. Bisher gab es zu wenig Schüler auf den weiterführenden Schulzügen. 4,8 Prozent des jeweiligen durchschnittlichen Altersjahrgangs hatten 1957 das Abitur abgelegt, 1962 waren es 6,9 Prozent.[9] Der relative Schulbesuch war zu niedrig, die Versagerquote war zu hoch. Die Abitur-Erfolgsquote betrug im Durchschnitt der Jahre 1954 bis 1963 43 Prozent bei den männlichen

Schülern, 35 Prozent bei den Schülerinnen. Das Bildungsdefizit bisher benachteiligter Gruppen – der Arbeiter, der Bauern sowie der katholischen Bevölkerung – mußte behoben werden, die generelle Bereitschaft zum Besuch der höheren Schule mußte geweckt werden, durch verbesserte Unterrichtstechniken mußte die Versagerquote reduziert werden. Dann würde das Bildungswesen wieder «leistungsfähig» werden, dann würde es den Bedürfnissen der «modernen Industriegesellschaft» wieder entsprechen, der Wohlstand der Nation wäre wieder garantiert.

Das Wort von der «Bildungskatastrophe», vom «Bildungsnotstand» hatte einen propagandistischen Zweck zu erfüllen, es sollte die Öffentlichkeit aufrütteln, den Eltern die Entscheidung für den Besuch ihrer Kinder auf weiterführenden Schulen erleichtern, und die Politiker zwingen, die notwendigen finanziellen Mittel zum Ausbau des Ausbildungssystems bereitzustellen. Die richtigen Leute mußten mobilisiert werden. Schließlich hing «viel [. . .] davon ab, in welchem Verhältnis die Autoren von Reformvorschlägen zu den Mächtigen stehen, welche Chance der Verwirklichung also Kraft ihres institutionellen Gewichts besteht»[10].

Wie in der liberalistischen Volkswirtschaftslehre wurde der bestehende Zustand in letzter Instanz aus den subjektiv motivierten Entscheidungsprozessen der vereinzelten Beteiligten erklärt. Propaganda war also das Mittel zur Therapie. Die Leute mußten im richtigen Sinne beeinflußt

Prognostizierte und wirkliche Abiturientenquoten

Tabelle 1

Jahr m	OECD	Wissenschaftsrat Modell B-2	T. Kürthy, Institut für Erziehungswissenschaften, Aachen	tatsächliche Entwicklung
1959 (ist)	51 400	51 400	51 400	51 400
1967		50 870	67 500	63 202
1968		55 130	73 000	73 682
1969		56 950	74 000	ca. 75 000
1970	53 300	57 830	73 000	ca. 80 000
1971				ca. 90 000

Quellen: T. Kürthy: ‹*Die soziale Bedingtheit schulischer Leistungen*›. Hektographiertes Manuskript, Aachen 1971, S. 5; *Spiegel* 23 (1972), S. 59.

werden, sie mußten sich für «mehr Bildung» oder «ein Mehr an Bildung» entscheiden, dann würde die Entwicklung in der gewünschten Richtung verlaufen.

Die tatsächliche Entwicklung des deutschen Bildungswesens widerlegte die Katastrophentheorie, verschärfte aber die Krise. Die «düsteren» Prognosen von 1963 und 1964 bewahrheiteten sich nicht.

Die OECD-Prognose, an der sich Picht orientiert hatte, war mit einer Zahl von 53300 Abiturienten für 1970 um 26700 unter den wirklichen Zahlen geblieben, man hatte sich um 50 Prozent verschätzt. 1971 gab es noch einmal 10000 Abiturienten mehr, 1981 soll es nach den neuesten Prognosen, die gleichwohl ebenso falsch sein können wie die alten, etwa 200000 Abiturienten eines Jahrgangs geben. Der Bildungsbericht der Bundesregierung erklärt sich die Entwicklung damit, daß sie «teilweise auch die Folge unvorhersehbarer Umstände» sei.[11] Die Bemerkung scheint überflüssig, weil tautologisch, wären die Ereignisse vorhersehbar gewesen, dann hätten die Prognosen stimmen müssen. Sie *schiene* überflüssig, wenn die Bundesregierung nicht selbst «Umstände» unverhersehbar nennen würde, die, durchaus vorhersehbar, Entwicklungen bewirken mußten, «wie die Verlegung des Schuljahrbeginns und, damit verbunden, die Einführung von zwei Kurzschuljahren»[12]. Unvorhersehbar soll hier eine Entwicklung sein, die von Kultusministerkonferenz und Bundesregierung selbst begutachtet und in Gang gesetzt worden ist.

Heute ist das Pendel in die entgegengesetzte Richtung zurückgeschlagen. Es gibt bereits zu viele Abiturienten, und es wird in Zukunft noch mehr von ihnen geben. F. Edding, der zu Beginn der sechziger Jahre mit Picht zusammen einer der ersten Mahner war[13], glaubt heute, daß «wir [. . .] bestenfalls für 15 Prozent aller Absolventen Akademikerpositionen haben»[14] werden. Aus der Bildungskatastrophe droht eine ganz andere Katastrophe zu werden. F. Edding: «Aber es ist auch nicht allein eine ökonomische Frage. Neue Schüler- und Studentenunruhen sind wahrscheinlich, wenn alles in den eingefahrenen frustrierenden Wegen weiterläuft.»[15]

Prognose und Gegenprognose, Mangel und Überfluß beweisen, daß die Krise tiefer liegen muß, daß das Bewußtsein von den Kräften, denen das Ausbildungssystem unterliegt, jedenfalls nicht so klar ist, wie es prognostizierte Zahlen mit ihrer scheinbaren Präzision vermuten lassen.

Denn die Krise schleppte sich fort. Aus dem Abiturientenmangel wurde der Lehrermangel. «Das erste Dokument einer aktiven Bildungsplanung für die gesamte BRD war die Bedarfsfeststellung der KMK vom 14. März 1963. In ihr wurden drei prognostische Werte aufgestellt. Ein erster, nicht publizierter, zeigte wahrscheinlich die angenommene Entwicklung und entsprach vermutlich den Prognosen der OECD.»[16] Der wirklich angestrebte Zielwert der Entwicklung dagegen blieb utopisch, denn der zur Realisierung dieses Ziels erforderliche Bedarf an Lehrern war unter keinen Umständen zu decken. Selbst die Mittelwerte der Bedarfsfeststellung waren so hoch, daß sie mit den vorhandenen Lehrkräften nicht erreichbar waren: «Rund 90 Prozent aller Lehrkräfte [müßten unter diesen Bedingungen] den Lehrberuf wählen»[17] schrieb Picht. «Da gleichzeitig der Bedarf an Abiturienten und Akademikern auf fast allen Gebieten im Steigen begriffen ist, läßt sich aus den von den Kultusministern vorgelegten Zahlen bereits heute mit Sicherheit ablesen, daß der von ihnen errechnete Lehrerbedarf nicht einmal zur Hälfte wird gedeckt werden können.»[18] Der Mangel wurde durch einen anderen Mangel also nur gesteigert, und eine Krise, die erst «entdeckt», die propagiert werden mußte, wurde mit der Studenten- und Schülerbewegung offensichtlich.

Zunächst ist aus der Entwicklung zu lernen, daß die momentane Situation, in der sich die Bildungskrise darstellt, nicht typisch sein muß, daß das Bildungswesen plötzliche, sprunghafte Entwicklungen durchmacht, die einzeln, isoliert für sich genommen, nicht typisch sind. Der Bildungsbericht konstatiert als Folge dieses Zustands den «Widerspruch selbst allgemein anerkannter Zielvorstellungen»[19], Dahrendorf spricht in seiner Begründung für eine aktive Bildungspolitik zunächst von einer «geplanten Revolution», um über einen Widerspruch dieses Revolutionsbegriffs zu einem ganz neuen Begriff von «Reform» zu kommen: «Die deutsche Bildungsrevolution kommt also nicht von selbst; sie wird eine geplante ‹Revolution› sein müssen – doch da Revolutionen den Plänen ihrer Urheber meist entgleiten, ist es richtiger, von einer radikalen Bildungsreform als Ergebnis einer aktiven Bildungspolitik zu sprechen.»[20] Wenn dieser Satz als Syllogismus interpretiert wird, dann sagt er ungefähr folgendes: Revolutionen gehen zwar meist schief, aber das liegt nicht unbedingt an ihnen selbst, oder an ihrem Begriff. Daß sie schieflaufen, muß also dazu gesagt werden («entgleiten *meist* den Plänen ihrer Urheber»). Darum ist es, wenn es um Bildungs*revolutionen* geht, richtiger, von Bildungs*reformen* zu sprechen, hier ist klar, daß die Sache ihren Urhebern nicht entgleitet. Zweifellos eine Überinterpretation, Dahrendorf wollte das bestimmt nicht sagen. Wenn er es ungewollt doch sagt, zeigt das nicht nur den Zustand einer Reformtheorie, sondern auch den Zustand der Sache, um die es geht.

So leicht es mittlerweile ist, die Krise zu diagnostizieren, so schwer scheint es, sie zu beheben. Unter dem Zwang, das Ausbildungssystem nach der Schließung der DDR-Grenzen plötzlich und unerwartet expandieren zu müssen, wurde aus der Bildungskatastrophe die Bildungsreform. Sie findet gegenwärtig ihren Ausdruck in der Einführung der Gesamtschule, der Hochschulgesetzgebung, den Gesamthochschulplänen, dem Bau von Mittelstufenzentren sowie verstärkter Propaganda für die Vorschulerziehung. Die Bildungsreform wird in der Bundesrepublik – so scheint es zumindest – mit besonderer Intensität betrieben, ist jedoch auf die Bundesrepublik keineswegs beschränkt. In den letzten zehn Jahren hat es bereits Reformen in Skandinavien, Großbritannien, den Niederlanden und Frankreich gegeben, abgesehen von den Bildungsreformen in sozialistischen Ländern. Die Literatur zu diesen Reformen ist umfangreich[21], es ist an diesem Punkt ausreichend, einfach auf sie zu verweisen.

Unser Ziel ist ja die Analyse der Bedingungen, die zur gegenwärtigen, offenbar in wechselnden Erscheinugsformen auftauchenden Bildungskrise führten. Eine Beschränkung auf die gerade aktuellen Tendenzen muß dabei in die Irre führen, wir haben das an den wechselnden und widersprüchlichen Konstellationen der Bildungskrise bereits gesehen. Es stellt sich die Frage nach dem generellen Charakter der Krise, es stellt sich die Frage, ob die Krise der Struktur des Ausbildungssystems im Spätkapitalismus immanent ist.

Es geht, mit anderen Worten, um eine Theorie des Ausbildungssystems. Vorausgesetzt werden kann sie nicht. «Es fehlen die Koordinaten, um die Richtung der Bewegung anzugeben, es fehlen politische Konzeptionen, um die Bewegung zu bestimmen»[22], so formuliert Dahrendorf das Problem. Der Bildungsbericht spricht von der Notwendigkeit, «theoretische Modelle des Bildungswesens»[23] auszuarbeiten.

Auf der anderen Seite gibt es objektiv den Zwang zur Bildungsplanung nicht erst seit den sechziger Jahren, sondern seit dem Beginn der Entstehung eines selbständigen Bildungswesens im Kapitalismus, denn die Steuerungsmechanismen, mit denen hier Produktion und Distribution normaler Güter geregelt werden, versagen für das Ausbildungssystem weitgehend.

Diese Selbststeuerungsmechanismen sind auf den Waren- und Kapitalmärkten wirksam und mit dem Begriff des *Wertgesetzes* zu fassen. Es besagt im Prinzip, daß durch Vergleiche auf dem Markt sich für jede Ware ein gesellschaftlich notwendiger Wert herausbildet, der in letzter Instanz durch die zur Produktion der einzelnen Ware insgesamt notwendig verausgabte Arbeit bestimmt ist. Um diesen Wert herum schwanken die empirischen Preise der Waren, wenn zum Beispiel Angebot oder Nachfrage sich verschieben. Werden zu viele Waren eines vergleichbaren Gebrauchswerts produziert, so sinkt ihr Preis, unter Umständen sogar ihr Wert, denn die Produktion dieser Waren war nicht gesellschaftlich notwendig. Die Produzenten dieser Waren haben zuviel gesellschaftliche Arbeit verausgabt, sie werden nur einen Teil dieser vergegenständlichten Arbeit als Preis, in Geldgestalt realisieren können.

Der Markt ist der Entscheidung der Produzenten voraus-gesetzt, in der nächsten Periode weniger Waren des gleichen Gebrauchswerts zu produzieren. Das Verhalten der produzierenden Individuen wird durch das Gesetz der Bewegungen der Waren auf den Märkten bestimmt. Im Bereich von Bildungs- und Ausbildungsprozessen haben diese Marktmechanismen praktisch keine Wirkung. Das hat drei Gründe:

1. Die Arbeitsmärkte sind für die Arbeitskräfte kaum transparent. Der normale Marktmechanismus des Ausgleichs zwischen Angebot und Nachfrage kommt daher nur schlecht zur Geltung. Der Entscheidung der Individuen über ihre Ausbildungs- und Berufswahl liegen neben der erwarteten Lohnhöhe andere Faktoren wie die Sicherheit des Arbeitsplatzes, der Statuswert des zukünftigen Berufs usw. zugrunde. Oft haben die Individuen, wenn sie in das Ausbildungssystem eintreten, noch keine klaren Vorstellungen von ihrem zukünftigen Beruf.

2. Die Produktionsperiode, das heißt die Periode, in der sich das Arbeitsvermögen eines Individuums innerhalb des Ausbildungssystems herausbildet, nimmt – im Vergleich zu normalen Gütern – sehr viel Zeit in Anspruch. In der BRD beträgt diese Produktionsperiode mindestens neun Jahre (Hauptschule). Die übliche Berufsausbildung eines Industriearbeiters beträgt, einschließlich Schulbildung, bereits zwölf Jahre. Deshalb ist eine direkte Rückkoppelung zwischen der Nachfrage auf dem Arbeitsmarkt und dem Angebot des Ausbildungssektors illusorisch. Würde die Marktsituation von heute zur Entscheidungsgrundlage der Planung für die nächste Periode gemacht, so wäre damit zugleich die Illusion konserviert, daß die gegenwärtige Marktsituation noch mindestens neun Jahre anhalten müßte.

3. Die Vermittlung von Qualifikationen an die auszubildenden Individuen im Ausbildungssystem ist nicht selbst, wie bei der kapitalistischen Produktion normaler Waren, unmittelbar am ökonomischen Erfolgskriterium des Profits orientiert. Erfolg oder Mißerfolg von Bildungsprozessen werden sich zwar daran zeigen, ob die ausgebildeten Arbeitskräfte im Verwertungsprozeß des Kapitals profitabel eingesetzt werden können, sie werden sich daher in den Profitraten der Einzelkapitale ausdrücken, sie werden aber nur über politische Steuerungsprozesse vermittelt auf das Ausbildungssystem zurückwirken können.

Diese drei Gründe sprechen für die Notwendigkeit geplanter Bildung auch und gerade in der kapitalistischen Gesellschaft.

Reformplan, Durchführung des Plans und das Ergebnis der Durchführung müssen sich entsprechen. Das setzt ein klares Bewußtsein von dem Bereich voraus, der gesellschaftlich geplant werden soll. Die Theorie des Ausbildungssystems ist konstitutiv für seine Planung. Planung ohne Theorie würde nur den Zufall organisieren, sie wäre Ideologie, Mythos von Verhältnissen, die sich in Wirklichkeit ungeplant, das heißt naturwüchsig entwickeln.

Sofort ergibt sich ein Widerspruch. Jene, die von der Notwendigkeit aktiver Bildungspolitik, von der Notwendigkeit von Reformen reden, betonen doch, daß es so etwas wie eine Theorie des Ausbildungssystems allenfalls in Ansätzen gibt. Die «theoretischen Modelle des Bildungswesens [. . .] gibt es bisher für die praktische Bildungsplanung in der Bundesrepublik nur im Entwicklungsstadium. Sie bedürfen noch umfassender Bildungsforschung.»[24] Die Theorielosigkeit der Planung scheint sogar so weit zu gehen, daß sie droht, in ihr Gegenteil umzukippen, in die Aussage, daß Planungskonzepte ohne Theorie leichter zu erarbeiten seien; Hartmut von Hentig äußert mit Bezug auf die Empfehlungen und Gutachten des deutschen Ausschusses für das Erziehungs- und Bildungswesen: «Der deutsche Ausschuß konnte in seinem dilettantischen Verfahren so vieles übersichtlich und ausgewogen zum Abschluß bringen, nur weil er so vieles *nicht* wußte und nicht wissen konnte.»[25]

Wie ist der Widerspruch aufzulösen? Was heißt «Bildungskrise», was sind die Voraussetzungen einer Krise des Ausbildungssystems? Es ist klar, daß es sich nicht um eine Krise des Ausbildungssystems *für sich* – nur auf sich bezogen – handeln kann, um eine Krise also, die auf das Ausbildungssystem beschränkt bleibt und mit dem Verhältnis von Ausbildungssystem und Gesellschaft nichts zu tun hat. Sofern das System, zum Beispiel in pädagogischen Ansätzen, als ein «pädagogischer Freiraum» begriffen wird, der die Chance haben soll, sich gegenüber der Gesellschaft zu verselbständigen und sich als «pädagogischer Schonraum» den Reproduktionszwängen dieser Gesellschaft zu entziehen, solange kann es als «institutionell bedingt konservativ»[26] erscheinen, als statisch, aber es befindet sich in keiner inneren Krise. Die innere Krise setzt innere Dynamik voraus. Eben jene ergibt sich für pädagogische Ansätze der Analyse, das heißt für Ansätze, die sich als «Theorien mittlerer Reichweite» auf den Bereich der Schule beschränken wollen, nicht von selbst. «In einer Zeit des Wandels, der wechselnden Geschwindigkeit des Wandels, gerät die Mobilität der Gesellschaft in Widerspruch zur Stabilität ihres Bildungssystems. Erneuerungen in pädagogischen Systemen benötigen, wie in neueren Untersuchungen nachgewiesen wurde, etwa 50 Jahre, bis sie sich allgemein durchgesetzt haben.»[27] Krise des Bildungssystems heißt also zunächst Krise im Verhältnis zwischen Ausbildungssystem und Gesellschaft. Eine auf das System der gesellschaftlich organisierten Ausbildung beschränkte Krise kann es nicht geben, weil das System nicht autark ist. Es reproduziert sich nicht selbst, sondern ist in den Reproduktionsprozeß der Gesellschaft insgesamt miteinbezogen, der von den Bedingungen der Verwertung des Kapitals bestimmt ist und nicht vom Ausbildungssystem. Es produziert nicht seine eigenen Lebensmittel, weder die der Lehrer noch die der Schüler.

Was für die Krise gilt, muß auch für die Versuche gelten, die Krise zu überwinden. Bildungsplanung, Bildungsreform und deren theroretische Grundlagen müssen von der Beziehung ausgehen, in der dieses System sich zur Gesellschaft verhält, von der gesellschaftlichen *Funktion* des Systems.

1.2 Die verschiedenen Funktionen des Ausbildungssystems

Soll Bildungsreform, soll die gesellschaftliche Planung des Ausbildungssystems, um die es bei der Überwindung der Krise gehen muß, einen Sinn haben und nicht nur einem pädagogisch autarken Selbstzweck dienen, so muß von der *Funktionsbestimmung* des Ausbildungssystems ausgegangen werden, einer Funktionsbestimmung, die nicht selbstverständlich ist. Soll die «Aufgabe der Schule», generell die Funktion des Ausbildungssystems, an dem bestimmt werden, was faktisch an Bildungs- und Erziehungsprozessen geleistet wird, operationalisiert etwa durch Schulbuchanalysen, Unterrichtsbeobachtungen, die Kritik von Lehrplänen usw., so gilt, daß die «Schulen heute [. . .] vieles [treiben], nicht weil es ihrer Aufgabe entspricht, sondern weil ihre eigenen Ordnungen es vorschreiben»[28]. Der Versuch, die Funktionen des Ausbildungssystems von einem durch die Pädagogik selbst gesetzten «Auftrag» her zu bestimmen, der erst in einem zweiten Schritt auf die Gesellschaft vermittelt werden soll, bleibt daher problematisch.

Objektiv lassen sich diese Aufgaben erst formulieren, wenn sie an den Bedürfnissen der Gesellschaft gemessen werden. Das ist banal und wird von Bildungsreformtheoretikern keinesfalls bestritten. Objektiv müssen sie formuliert sein, denn sie sollen sich ja in der Struktur des Ausbildungssystems objektivieren. Was aber ist objektiv im Spätkapitalismus? Das Problem ist nicht immer offensichtlich, dennoch gravierend.

«Was muß *man* heute alles lernen, um sich erfolgreich und produktiv politisch beteiligen zu können?» Das ist zum Beispiel die Leitfrage in Hermann Gieseckes ‹*Didaktik der politischen Bildung*›, 1965 erschienen. Problematisch ist hier das «*man*». Verräterisch ist der Gebrauch eines Subjekts, in dem alle aufgehen sollen und das niemanden konkret bestimmt. Dazu Willfried Maier: «Der Nachwuchsmanager, dem unter Ausnutzung seiner Kenntnisse des institutionellen Geflechts einer Stadtgemeinde und der Interessenkonstellation in den lokalen politischen Führungskreisen es gelungen ist, für eine Betriebsstillegung noch Steuersubventionen zu erobern, dieser Jungmanager hat gezeigt, daß er es versteht, ‹erfolgreich› und ‹produktiv› politisch sich zu beteiligen.

Der gewerkschaftlich organisierte Arbeiter desselben Betriebs, der es versteht, seine Kollegen zum Widerstand gegen die Stillegung des Betriebs zu organisieren, der einen Streik anführt und seinen Kollegen die gesellschaftlichen Ursachen für die Bedrohung ihrer Arbeitsplätze erklären kann, dieser Arbeiter hat ebenfalls «erfolgreich» und «produktiv» politisch gehandelt.

Wollte man nun – wie es Giesecke tut – Jungmanager und Arbeiter gemeinsam unter «man» rubrizieren und fragen, was «man» denn gelernt haben müsse, um derart erfolgreich und produktiv politisch zu handeln, so erwiese es sich als unmöglich, zu einer einheitlichen Antwort zu kommen. Jungmanager und Arbeiter benötigen nämlich durchaus unterschiedliche Kenntnisse, Fähigkeiten und Verhaltensweisen, um im Sinne ihrer widersprüchlichen Interessen «erfolgreich» zu sein.»[29] *Die* Gesellschaft, als ein Subjekt, das *ein* Interesse artikulieren könnte, gibt es in diesem Fall nicht. *Ein* allgemeines Bedürfnis kann nicht formuliert werden und auch die verschiedenen Bedürfnisse, die «man» formuliert, produzieren durchweg Widersprüche.

Objektiv sind bislang nicht die Ansprüche, die an das Ausbildungssystem gestellt werden, objektiv ist nur der Widerspruch, dem das Ausbildungssystem ausgesetzt ist und der in jeden Versuch eingehen muß, die Funktionen des Systems bestimmen zu wollen. So ist jede Bildungsreformtheorie gezwungen, ein Funktionsgerüst anzugeben, das den Widerspruch aushält, das den Interessengegensatz verschiedener Klassen kompensiert. Direkt gilt das, solange die Funktionen des Ausbildungssystems insgesamt beschrieben werden sollen. Indirekt – vielleicht verschleiert – dann, wenn nur einzelne Teile des Ausbildungssystems bestimmt werden sollen, die sich klassenspezifisch herausgebildet haben, wie zum Beispiel die auf die Reproduktion des Proletariats konzentrierte Volksschule oder die auf die Reproduktion der Bourgeoisie konzentrierte Oberschule humanistischen Typs. Hier erscheint der Widerspruch, besonders wenn die Funktionsanforderung auf hohem Abstraktionsgrad formuliert ist, nur noch in ideologischer Form. Klassisch dafür ist eine bereits oft zitierte Passage aus den Gutachten und Empfehlungen des Deutschen Ausschusses für das Erziehungs- und Bildungswesen zum Ausbau der Hauptschulen: «Es fehlt ihnen [den Lehrlingen] an Verantwortungsgefühl, Gemeinschaftsbewußtsein, an Willen zur Leistung, zur Ein- und Unterordnung, an Konzentrationsfähigkeit. Sie versagen, so wie sie im Betrieb vor monotone Arbeit und vor die Aufgabe beharrlicher Prüfung gestellt werden [...] Sie kommen in eine völlig fremde Welt und sind nicht hinreichend vorbereitet auf das, was sie hier erwartet.»[30] Der Widerspruch geht notwendig in die Formulierung des Funktionsgerüstes ein, auch dann, wenn nur einzelne Teilbereiche des Ausbildungssystems untersucht werden, weil das System selbständigen, gegenüber anderen gesellschaftlichen Funktionsbereichen *verselbständigten* Charakter trägt, weil es darum letztlich als eine Einheit funktionieren muß.

Die Funktionsbestimmung ist also das erste Problem, wenn der Charakter der Krise des Ausbildungssystems untersucht werden soll. Sie stellt sich darum als Krise der *Funktion* des Ausbildungssystems dar, und sofern sich diese Funktion historisch nicht verändert haben soll, als Krise seiner *Funktionserfüllung*.

Bildungsreform, als praktischer Ausdruck des Versuchs, die Krise zu überwinden, muß ein Funktionsgerüst definieren, an dem sich Richtung und Sinn der angestrebten Veränderungen messen lassen, denn aus sich heraus – autark – kann das System keine Ansprüche formulieren. Festzuhalten ist, daß die Bestimmung der Funktionen, die das Ausbildungssystem erfüllen soll, antagonistisch sein muß, solange Ausbildung als einheitliches System erhalten bleiben soll und solange die Gesellschaft, auf die sich die Funktionen beziehen lassen müssen, antagonistischen Charakter trägt.

Eine Bildungsreformtheorie, die von der Einheit des Ausbildungssystems ausgeht, muß mit diesem Widerspruch leben. Der Punkt, an dem Bildungsreformtheorie zu kritisieren ist, ist darum der Punkt, an dem sie das Funktionsgerippe konstruiert, an dem sie ihre Reformpläne messen will.

Aus der Verselbständigungsform des Ausbildungssystems folgt nicht, daß die Funktionsmodelle explizit formuliert sein müssen, sie müssen der Struktur theoretischer Aussagen zur Bildungsreform allerdings logisch zugrunde liegen.

Die Ebene, auf der die Funktionsmodelle formuliert werden, ist jedenfalls nicht eindeutig bestimmbar. Es gibt durchaus unterschiedliche Möglichkeiten der Formulierung des Modells. Möglich ist die Bestimmung an Lernzielen. In einem Papier der Planungsgruppe der Gesamtschule Bremen-Ost, ‹*Grundsätze und allgemeine Lernziele*›, heißt es: «Der Erfolg der Schule ist am Erreichen oder Verfehlen der ihr eigenen allgemeinen Lernziele zu messen.»[31] In den ‹*Grundsätzen*› sind zwölf Lernziele angegeben, der eben zitierte Satz fällt selbst darunter, als Punkt zwei. Sie beziehen sich auf verschiedene Funktionsbereiche der Schule, oder sofern der Produktionsorganismus Schule als Funktionskette begriffen werden kann, beziehen sie sich auf unterschiedliche Kettenglieder; Punkt eins fordert Veränderungsbereitschaft; Punkt drei Chancengleichheit; Punkt vier fordert die Erziehung zur Selbstbestimmung, zur repressionsarmen Erziehung, zur Fähigkeit und Bereitschaft, eigene Interessen zu artikulieren; Punkt fünf fordert neue sozialintegrative Unterrichtsformen; Punkt sechs fordert die

Abschaffung der Zensur als Berwertungsmaßstab; Punkt sieben fordert kollektiven Unterricht und den Abbau der Lehrerindividualität; Punkt elf fordert den Theorie-Praxis-Bezug der Unterrichtspraxis, das heißt die Aufarbeitung der Erkenntnisse der Erziehungstheorie; Punkt zwölf fordert die Zusammenarbeit Elternhaus–Schule.

Die Schwierigkeit ist hier die, daß das Summieren allgemein anerkannter Vorstellungen sich auf ein öffentliches Bewußtsein berufen muß, das diese Ziele akzeptiert, so daß das nachträgliche Durchstrukturieren dieser Ziele an einer Kritik des – produzierten – Bewußtseins von Öffentlichkeit und des öffentlichen Bewußtseins selbst ansetzen müßte. Die Summe erspart die Konstruktion des Modells.

Ebenso können die Funktionen in einem Modell allgemein anerkannter Werte aufgebaut werden, an denen sich das Ausbildungssystem orientieren soll. Das Gutachten des Deutschen Bildungsrats zur Errichtung von Schulversuchen mit Gesamtschulen spricht zum Beispiel von der Durchsetzung von: «Chancengleichheit», «Verwissenschaftlichung von Schule», «Individualisierung des Lernens» usw. Auch die «Erweiterung der sozialen Erfahrungen» und die «soziale Integration» sind als Ziele genannt. In den Gesamtschulen soll zum Beispiel «ein Klima der sozialen Kooperation und der Vorurteilslosigkeit entstehen»[32].

Ebenso kann die Funktionsbestimmung normative und nichtnormative Ebenen vereinigen, besonders dann, wenn sie von einer Instanz getroffen wird, die sich über den theoretischen Status ihrer Aussagen kein Gewissen machen muß: «Der Ministerpräsident hat in der Regierungserklärung vom 25. Juni 1964 Maßnahmen für den Ausbau des Bildungswesens und zur Erschließung von Begabungsreserven verkündet. Sie sollen dazu beitragen,

1. den in der Landesverfassung (Art. 11) garantierten Anspruch jedes jungen Menschen auf eine seiner Begabung entsprechende Erziehung und Ausbildung durch eine diesem Grundsatz gemäße Gestaltung des Bildungswesens zu erfüllen und

2. den langfristigen Bedarf der modernen Gesellschaft an qualifizierten Fachkräften zu befriedigen.

Es ist eine Hauptaufgabe des Schulentwicklungsplans, diese beiden Forderungen im Rahmen einer Gesamtkonzeption für das Bildungswesen miteinander zu verbinden und rechtzeitig die notwendigen organisatorischen Maßnahmen zur Verbesserung der Bildungschancen und zur Anhebung des allgemeinen Bildungsniveaus einzuleiten.»[33]

Auf der einen Seite steht einfach eine normative Setzung (Art. 11 der Landesverfassung), auf der anderen Seite steht der «langfristige Bedarf der modernen Wirtschaft» mit seiner faktischen Objektivität. Für Dahrendorf, der mit seiner Argumentation von diesen zwei grundlegenden Funktionen ausgeht, bleibt am Ende nur eine Funktion, das Bürgerrecht auf Bildung, übrig, denn der Bedarf der modernen Wirtschaft ist für ihn keine Konstante, an der sich die Bildungsplanung orientieren kann. Bedarfsfeststellungen sind ihm nicht sicher genug, um mit ihnen zu argumentieren. Im dritten Teil dieses Textes, bei der Diskussion des Bedarfsansatzes der Bildungsökonomie, kommen wir darauf zurück.

Schelsky gibt vier dominante Funktionen an, mit denen die «Schule in unserer Gesellschaftsverfassung» angesichts sozialer Veränderungen zu rechnen habe, übrigens nicht ohne Vorwarnung: «Die Beantwortung der mir gestellten Frage, mit welchen sozialen Verhältnissen, Strukturen und Entwicklungen eine gegenwärtige Schulreform in unserer Gesellschaft zu rechnen hat, stößt von seiten der Soziologie auf erhebliche Schwierigkeiten.»[34] Die sozialen Tendenzen, an denen es sich zu orientieren hat, sind

«1. Ein universales Aufstiegsbedürfnis aus sozialen Sicherheitsgründen, das vorwiegend familiär verwurzelt ist;

2. für seine Erfüllung steht fast allein die berufliche Leistung zur Verfügung; daher das Streben nach höheren beruflichen Ausbildungen und einer alle Aufstiegschancen offenlassenden Schulausbildung;

3. diese Aufstiegswünsche sind wiederum sehr stark orientiert an alten Prestigestufen und Vorstellungen, hinter denen jedoch ebenfalls unvermeidliche Sicherheitsbedürfnisse stehen;

4. das Ganze ist eingebettet in und überhöht durch die Steigerung materieller und seelischer Konsum- und Komfortbedürfnisse; insbesondere sind die Bildungsbedürfnisse längst in einen allgemeinen Sozialanspruch konsumptiver Art umgeschlagen»[35].

Wir haben jetzt nur Beispiele angegeben, die verdeutlichen sollen, was Funktionsmodell heißt. Es geht hier nicht um eine systematische Auswertung der entsprechenden Literatur, die Funktionsmodelle müssen, wie gesagt, in jedem Reformkonzept vorhanden sein.

Sie sind, das zeigt sich, wenn man die Beispiele gegeneinanderhält, relativ beliebig. «Manche der Argumente, die für die gute Sache der aktiven Bildungspolitik vorgebracht werden, halten kritischer Prüfung nicht stand»[36], bemerkt Dahrendorf. Der Bildungsbericht spricht, angesichts der unterschiedlichen Funktionen, mit denen es die Bildungsreform zu tun haben wird, von der «Gefahr der Verzettelung des Reformkurses»[37]. Das ist ein Indiz dafür, daß die Bestimmung oder Ableitung bestimmter Konsequenzen aus einem Funktionsmodell nicht unbedingt stringent sein muß, auch da, wo es ausdrücklich genannt wird. Dann ist die Ableitung praktischer Konsequenzen aus dem Funktionsmodell aufgesetzt, «Reformmodell» und «Reformkurs» fallen auseinander. «Die pädagogischen Schulreformer wollen ein demokratisches Schulwesen in einer demokratischen

Gesellschaft: Die Mächtigen wollen ebenfalls eine Schulreform, die sie demokratisch nennen; allerdings zur Stabilisierung der bestehenden Klassenverhältnisse.»[38]

Diese Beliebigkeit hat zwei Gründe:

1. Das Ausbildungssystem ist nicht auf eine *einzige* Funktion reduzierbar, weil sich die auszubildenden Individuen auf vielseitige Art und Weise zu zukünftigen Anforderungen in der Gesellschaft verhalten werden. Das heißt, daß die Funktionen, die sie selbst in der Gesellschaft ausüben werden, als Arbeiter, als Eltern, als Konsumenten usw. vielseitig bestimmt sein werden. Eben der Tolalitätscharakter der Gesellschaft, die Tatsache, daß in dieser Gesellschaft «alles mit allem vermittelt ist» bedingt diese Vielseitigkeit.

2. Das Ausbildungssystem bildet für eine Klassengesellschaft aus. Verschiedene Individuen werden verschiedene politische Standpunkte in dieser Klassengesellschaft einnehmen. Willfried Maier hat mit dem Beispiel vom Jungmanager und Arbeiter das bereits gezeigt. Unterschiedliche, sogar gegensätzliche Funktionen in der Gesellschaft bedingen nicht nur unterschiedliches Wissen, sondern darüber hinaus «unterschiedliche Typen des Wissens» (Maier).

Prinzipiell sind die Funktionen des Systems daher an die gesellschaftliche Dynamik gebunden; das heißt, auch an die Dynamik des Verhältnisses, in dem sich das Ausbildungssystem innerhalb des Reproduktionsprozesses der Gesellschaft verhält, denn das System bezieht sich innerhalb dieses Reproduktionsprozesses auf sich selbst zurück, indem es seine eigenen Arbeitskräfte ausbildet.

Generell hängt das Funktionsmodell, trotz seiner Beliebigkeit, von der Theorie ab, in der die Form der Gesellschaft selbst begriffen wird, auf die sich das Modell bezieht. So pädagogisch sich das jeweilige Modell auch immer geben mag, primär ist es nicht pädagogisch, sondern gesellschaftstheoretisch bestimmt.

Die immanente Konstruktion des Modells setzt also eine allgemeine Gesellschaftstheorie voraus, in der die Bereiche abgesteckt und einander zugeordnet sein müssen, auf die sich das Ausbildungssystem reproduktiv bezieht. Verallgemeinert gehen prinzipiell drei Funktionsbedingungen in die Struktur des Systems ein:

a) Das Ausbildungssystem soll Produzent des gesellschaftlich notwendigen Arbeitsvermögens sein (ökonomische Reproduktionsfunktion);

b) das Ausbildungssystem soll das Selbstverständnis reproduzieren, «bewahren», «erhalten» usw., das die herrschende Gesellschaftsform bedingt (politische Reproduktionsfunktion oder Sozialisationsfunktion);

c) das Ausbildungssystem soll sich selbst reproduzieren, indem es seine eigenen Arbeitskräfte ausbildet und sich möglichst reibungslos der gesellschaftlichen Entwicklung anpaßt (nach von Hentig: Angepaßtheit der Schule an sich selbst).

Die besonderen Bedingungen, unter denen die Funktionsmodelle entstehen, die krisenhafte Verfassung des Systems, deutet auf den Doppelcharakter, den das System in seinem Verhältnis zur Gesellschaft einnehmen muß oder soll. Wie immer auch der krisenhafte Zustand diagnostiziert wird, seine Voraussetzung ist die «Dynamik der gesellschaftlichen Entwicklung», die «moderne Gesellschaft», die «moderne Industriegesellschaft» usw.

Ein Ausbildungssystem, das der Gesellschaft nicht mehr angepaßt ist, das sich *dysfunktional* verhält, ist eine Schwäche des gesellschaftlichen Systems, sonst gäbe es keine «Katastrophe», keinen «Notstand». Eine Reform impliziert also ein doppeltes, Reform des Ausbildungssystems wie Reform der Gesellschaft.

Was folgt daraus? Wenn die Schule in der Krise sein soll, muß zugleich die Gesellschaft, als deren Teil die Schule begriffen werden muß, sich ebenfalls in krisenhaftem Zustand befinden. Das Interesse an einer Anpassung des Subsystems Ausbildung an das gesellschaftliche System setzt daher mit der Veränderung des Systems zugleich das Interesse an der Veränderung der Gesellschaft. Das erklärt den progressiven Touch selbst der technokratischsten Reformmodelle, die sich inhaltlich mit der Effizienzsteigerung des Systems zufriedengeben. *Reform*, so technokratisch die Intentionen ihrer Urheber auch immer sein mögen, so überzeugt sie eine «moderne Schule» an ihre «moderne Gesellschaft» (Dahrendorf) anzupassen versuchen, Reform konstituiert aus ihrer eigenen Logik heraus den fortschrittlichen Anspruch, die demokratische Legitimation ihrer Protagonisten. Emanzipatorischen oder «linken» Positionen ist das Interesse an Veränderung der Gesellschaft selbstverständlich. Für sie gilt das gleiche. Die logische Konstruktion des Reformbegriffs als Moment der Überwindung der Krise scheint ideal für die Formulierung eines emanzipatorischen Interesses. «*Emanzipation* ist der oberste Leitbegriff der Schule», heißt es in den Grundsätzen der Planungsgruppe der Gesamtschule Bremen-Ost. Sie nehmen den *Anspruch* für sich in Anspruch, der sich aus der Konstruktion ergibt.

Darum erscheint jede Position, ist sie erst einmal als Reformposition formuliert, so selbstverständlich, darum stößt sie, so radikal sie sich auch darstellen mag, selten auf Widerspruch. Das erklärt aber auch die völlige Leere des Emanzipationsbegriffs.

Je mehr er abdecken soll, desto unspezifischer, desto inhaltsloser wird er. Ein Beispiel für diesen totalen und leeren Emanzipationsbegriff aus den ‹*Thesen zu emanzipatorischer Erziehung*› von Alfred Pressel: «Emanzipatorische Erziehung ist kein pädagogischer Grundbegriff, sondern die sozialwissenschaftlich fundierte Theorie und Praxis des politischen Kampfes. Sie steht auf der Seite der Unterdrückten.»

Auch dort, wo der Gegner noch als Feind erscheint, wo der Reformbegriff noch inhaltlich gefüllt werden muß, entsteht ein logischer Hiatus. Reform ohne einen inhaltlich gefüllten Begriff von gesellschaftlicher Veränderung scheint unmöglich, diese aber soll sich möglichst nur als Reform, als «bewährte Lösung» abspielen (*Bildungsbericht '70*). Die Katze beißt sich in den Schwanz. Reform ohne einen positiven Begriff von gesellschaftlicher Veränderung ist unmöglich, der Begriff aber, der Ziel und Richtung der Veränderung angeben soll – Emanzipation –, wird nichtssagend in die Debatte eingeführt.

Wenn die Krise des Ausbildungssystems sich als Krise der Funktionen darstellen soll, die es zu erfüllen hat, dann muß sich die Krise der Bildungsreform an ihrer Schwäche darstellen, diese Funktionen gültig zu bestimmen.

Diese Schwäche zeigt sich bei der Rekonstruktion der logischen Struktur der Bildungsreformtheorie.

1. Die Gesellschaft befindet sich in der Krise, die Schule auch. Die Instabilität (Krise) des Systems kann sich ausschließlich dadurch ausdrücken, daß die Schule der gesellschaftlichen Entwicklung hinterherhinkt, sie kann sich aber auch durch weitergehende Schwächen des Systems darstellen. Notwendig wird die «Modernisierung der Gesellschaft» (Dahrendorf). Hier kann die Schulreform zu einem «Mittel der Beschwichtigung» (Hentig in seinem Vorwort zu Illichs ‹*Entschulung der Gesellschaft*›) werden, zu einem Mittel, daß die Instabilität des Systems überwinden, zumindest aber kompensieren soll. Dann hat die Reform nicht die Funktion der Veränderung, sondern die Funktion der Erhaltung der «Marktwirtschaft» als Mittel gegen die «Welt des Ostens» wie Becker es in einer Schrift der fünfziger Jahre einmal formulierte.

2. Soweit Krise mehr als ein formaler Begriff ist, soweit er mehr bezeichnet als die bloße Nichtkompatibilität der einzelnen Momente des gesellschaftlichen Systems, dann muß sich dieser krisenhafte Zustand an den Bedürfnissen der Individuen als zu Überwindender darstellen. Der Zustand fordert nicht nur Veränderung, er fordert Veränderung in der richtigen Richtung. Insofern ist Emanzipation als ein globaler, aber das Interesse nach Selbstverwirklichung der Individuen umfassender Begriff richtig. Falsch wird der Begriff, weil eine Reform, als eine Veränderung des Systems, *nicht* im Interesse seiner Destruktion, sondern im Interesse seiner Erhaltung, der Verteidigung seiner wie auch immer hypostasierten positiven Momente gegen seine negativen fungiert. Emanzipation bezeichnet daher, an Reform gekoppelt, einen unspezifischen, völlig leeren Veränderungsbegriff. Der Begriff «systemüberwindende Reform», in sich

widersprüchlich, gibt nur so lange einen Sinn, wie er mit den politischen Vorstellungen von Andreas Baader konfrontiert wird.

3. Die Verselbständigung des Ausbildungssystems ist zunächst der Grund für die Krise, für seine Dysfunktionalität. Nun soll diese Verselbständigung, qua Reform, zur Möglichkeit werden, der gesellschaftlichen Entwicklung vorauszueilen, obwohl sie als Grund dafür erkannt worden ist, daß das System bislang hinterherhinken mußte. Volker Hoffmann schreibt in seiner Analyse zum Klassencharakter der Gesamtschule, mit Bezug auf die «linke» Kritik an der Gesamtschule: «Nicht nur wird die Behauptung mehr oder weniger unkritisch hingenommen, daß die GS den Bedarf der kapitalistischen Produktion an qualifizierten Arbeitskräften angemessen decken könne, sondern bisweilen sogar angedeutet, daß die Gesamtschule die Potenz habe, der Entwicklung der Produktivkräfte voranzueilen.»[39]

Die Schule soll «öffentlich kontrollierte [s] Instrument der gesellschaftlichen Selbststeuerung»[40] sein. Der Graben zwischen Ausbildungssystem und Gesellschaft könnte zugleich zum Spielraum des Ausbildungssystems werden, in dem die «freiesten Personen die öffentliche, institutionalisierte Erziehung und Bildung übernehmen und daß sie dabei die Mittel anwenden, die in sich die Offenheit gebieten, ja repräsentieren»[41].

Im Spielraum, der «Bildung des Freiraums», kann die «Vorbereitung auf den Kampf gegen die autoritäre Leistungsgesellschaft durch emanzipatorische Erziehung geschehen»[42]. Eine «konkrete gesellschaftliche Utopie soll für die Schüler vorweggenommen werden, die also glücklich leben sollen»[43].

4. Auf der anderen Seite, und das ist das Dilemma, wird das Ausbildungssystem seine neue Funktion nur entfalten können, wenn es die Chance hat, direkt auf die Gesellschaft einzuwirken, wenn es *nicht* verselbständigt ist. Bildungsreformtheorien können daher nicht konsistent sein.

5. Sollen, müssen Ausbildungssystem und Gesellschaft eng verzahnt sein, dann muß das Subsystem Ausbildung dem System, den Tendenzen unterliegen, die es bekämpfen soll. Bildungsreform kann ihren Anspruch nur erfüllen, wenn sie von einem Totalitätsbegriff ausgeht, muß diesen Totalitätsbegriff aber ignorieren, wenn er als gesellschaftliche Tendenz, als Form der Reproduktion des Spätkapitalismus, auf sie zurückschlägt.

6. Sofern Bildungsreformtheorie nicht Ideologie sein will und solange sie an ihrer eigenen logischen Konsistenz noch interessiert ist, muß sie jetzt auf den Widerspruch zwischen verschiedenen Funktionsebenen stoßen: a) Funktionen, die zur Reproduktion bzw. Stabilisierung des bestehenden Systems dienen, b) Funktionen, die über die Reproduktion der bestehenden Gesellschaft hinausgehen. Soll die Reform dennoch Wirklichkeit wer-

den, so müssen die systemstabilisierenden Funktionen mit den nichtsystemstabilisierenden Funktionen verquickt werden. Dem Anspruch nach «Demokratisierung», nach «Emanzipation» müssen die reproduktiven, das System erhaltenden Funktionen untergeordnet werden, und zwar so, daß

a) der positive Anspruch unangetastet bleibt;

b) die Identität des Funktionssystems wenn nicht gewahrt, so doch auf eine reformerisch ehrliche Weise glaubhaft bleibt;

c) die reproduktiven Subfunktionen, die den emanzipatorischen Metafunktionen untergeordnet sind, müssen zum Tragen kommen, sonst hätte die angestrebte Veränderung als *Reform* keine Chance.

Wenn jetzt trotzdem Emanzipation vorangetrieben werden soll, dann muß auf Ebenen rekurriert werden, auf denen sich Interessenidentität mit der bestehenden Gesellschaftsform noch ergeben kann. Bildungsreformtheorien sind letztlich gezwungen, die Interessenidentität zwischen herrschender Gesellschaft und den pädagogischen oder emanzipatorischen Interessen der Reform des Ausbildungssystems zu *unter*stellen. Das kann sich nicht mehr auf der Ebene des Emanzipationsbegriffs selbst vollziehen, sondern nur auf der Ebene seiner Derivate wie «Chancengleichheit», «Durchlässigkeit», «soziale Integration», «Klima der Vorurteilslosigkeit», «Wissenschaftlichkeit der Schule» usw. Unausgesprochen wird eine prästabilisierte Hierarchie der Funktionen beschworen, bei der die Emanzipation deshalb garantiert ist, weil die Ebenen, die sie tragen, nicht nur in ihrem Interesse, sondern glücklicherweise auch im Interesse der «Mächtigen» (Dahrendorf) fungieren und funktionieren: ... «die Gesellschaftspolitik [hat] die Probleme zu lösen, die mit der Ungleichheit der beruflichen Startchancen verbunden sind. Diese Ungleichheit wird *subjektiv* als Unrecht [!] empfunden und widerspricht *objektiv* den Ansprüchen der modernen Technologie und Wirtschaft, die eine große Zahl gut ausgebildeter Arbeitskräfte benötigt.»[44] Oder: «Immer mehr Menschen suchen Möglichkeiten der Ausbildung und Fortbildung für sich und ihre Kinder; insofern gibt es einen gewissen sozialen ‹Druck› auf Schulen und Hochschulen. Die Zahl der Berufe, die nur oder zumindest besser von hochqualifizierten Arbeitskräften ausgefüllt werden können, wächst ständig; insofern trifft sich das Ziel der Erweiterung der Bürgerrechte mit dem Bedarf an hochqualifizierten Arbeitskräften. Alle diese Motive sind aber subsidiär gegenüber dem im weiteren Sinne politischen Argument, wenn ihre Folgen auch in dieselbe Richtung weisen. Denn fragen wir nach dem konkreten Ziel, das aus dem Motiv einer aktiven Bildungspolitik folgt, dann lautet dieses zunächst einfach: mehr Bildung oder vielleicht: mehr Bildung für mehr Menschen! Das klingt trivialer als es ist.»[45]

Zugleich muß bei der Darstellung der emanzipatorischen Funktionen eine *Verdrängung* der Reproduktionsfunktionen, die die herrschende Gesellschaft stabilisieren könnten, zu beobachten sein.

1.3 Die ökonomische Funktion

Entscheidend für die vorliegende Untersuchung ist der Stellenwert, den die *ökonomische Reproduktionsfunktion* im Kontext der übrigen Funktionen des Ausbildungssystems erhält. Mir scheint, gerade wenn es um die Kritik der jetzigen Struktur des Ausbildungssystems geht, die Gefahr zu bestehen, daß die ökonomische Reproduktionsfunktion paradoxerweise im Interesse der Demokratisierung oder progressiven Entwicklung des Ausbildungssystems – also im Interesse der Bildungsreform – aus der Analyse verdrängt wird.

Martin Baethge versucht in seiner Arbeit ‹*Ausbildung und Herrschaft*›[46] ein analytisches Modell der Funktionsbeziehungen des Ausbildungssystems zu entwickeln, daß die ökonomische Reproduktionsfunktion *nicht* aus der Analyse ausklammert. Gerade deshalb ist seine Analyse geeignet, denn sie läßt in der Charakterisierung der ökonomischen Funktion eine bestimmte Tendenz der Charakterisierung des kapitalistischen Produktionsprozesses selbst erkennen, in der dieser nur als naturwüchsiger Vorgang der Entfaltung gesellschaftlicher Produktivkräfte erscheint.

Baethge gibt in seinem analytischen Modell vier verschiedene Funktionen des Ausbildungssystems an, die es im gesellschaftlichen Reproduktionsprozeß einnimmt:

a) Erziehungs- oder Kommunikationsfunktion des Ausbildungssystems;

b) sozialpolitische Funktion des Ausbildungssystems;

c) politische Funktion des Ausbildungssystems;

d) ökonomische Funktion des Ausbildungssystems.[47]

«Diesem [Funktions-] Modell liegen, in Übereinstimmung mit der bildungspolitischen Diskussion der letzten Jahre, als zentrale Strukturierungsprinzipien die politische Verfassung der Gesellschaft, die Demokratie, und die Organisation ihrer materiellen Daseinsvorsorge, der industrielle Produktionsprozeß zugrunde.»[48] Weiter sind seine «Funktionen Bezugspunkte für Zielsetzungen von Ausbildungsprozessen»[49]. Die Kriterien, die er an diese Funktionen anlegt, sind, soweit sie als Sozialisationsfunktionen aufgefaßt werden können, politischen Charakters. Sie sollen Kriterien der Kritik an einem politischen System sein, in dem Bildung und Ausbildung nicht zur Entfaltung demokratischer Herrschaftsformen, sondern als Mittel der Reproduktion und Selektion sozialer Klassen, als Mittel der Reproduktion des Kapitalverhältnisses dient.

«Dagegen erfordert Demokratie als ein auf der autonomen Willensentscheidung des Individuums aufgebautes Handlungs- und Entscheidungssystem die Erlernung von Kenntnissen, Verhaltensweisen und Einstellungen, die das Individuum von seinem Bewußtsein her überhaupt erst in die Lage versetzen, in diesem Handlungssystem zu agieren und die ihm von der Verfassung zugesicherten Beteilungsrechte zu konkreten Kontroll- und Aktionschancen zu machen, hierzu gehört auch die Fähigkeit, das System in Frage zu stellen»[50].

Die ökonomische Reproduktionsfunktion beschreibt Baethge dagegen auf der Basis einer gleichsam naturwüchsigen technischen Entwicklung. «Rationalisierung und Automatisierung der Produktionsverfahren setzen einen Prozeß einer ständig schneller werdenden Wissensabnutzung und -veraltung in Gang, der nur durch ein gutes gesellschaftliches Bildungssystem aufgefangen werden kann.»[51]

Hier erscheint die kapitalistische Form des Produktionsprozesses zwar noch in beruflichen Rückschlägen oder Arbeitslosigkeit – «Wo Berufswechsel zu einem Charakteristikum industrieller Gesellschaften geworden ist, kann sich der einzelne gegen berufliche Rückschläge oder Arbeitslosigkeit am ehesten durch eine auf breite Disponibilität hin angelegte Bildung und durch Bereitschaft zu kontinuierlicher Weiterbildung absichern»[52] –, ist aber ausschließlich als Industrialisierungsprozeß charakterisiert, ist also auf die Produktivkräfte beschränkt, ohne Reflexion auf die gesellschaftliche Form, in der die Produktivkräfte sich entwickeln oder auch in ihrer Entwicklung beschränkt werden. Der technische Inhalt der Produktionsprozesse, als ausschließliches Kriterium ihrer Entwicklung aufgefaßt, führt zum *Schein*, daß sich die stofflichen Bedingungen der Akkumulation des Kapitals, die technologische Entwicklung, gleichsam als Invariante gesellschaftlicher Entwicklung auffassen ließen. Es könnte eingewandt werden, daß das tatsächlich, auch in der Marxschen Fassung, der Überwindung und Aufhebung kapitalistischer Produktionsverhältnisse durch die gesellschaftlichen Produktivkräfte der Arbeit der Fall sei. In der konkreten Analyse des Funktionsverhältnisses Ausbildung – Produktion reicht diese Bestimmung jedoch nicht aus, weil unabhängig von der Notwendigkeit der Überwindung des Kapitalismus durch eine höhere Vergesellschaftungsform, die ökonomische Funktion des Ausbildungssystems heute zugleich die Funktion eines Produktionsprozesses ist, in dem das Kapitalverhältnis immer noch bestimmend für die Entwicklung der Produktivkräfte und damit auch für die ökonomische Reproduktionsfunktion ist. Ist diese zunächst einmal, durch den Begriff der Industriegesellschaft, auf ihre innovative Komponente reduziert, «. . . so weist der Industrialisierungsprozeß als Prozeß fortschreitender Verwissenschaftlichung und Technisierung produktiver Arbeit und fortschreitender Rationalisierung und Bürokratisierung des gesellschaftlichen Verkehrs dem Bildungswesen eine unmittelbar auf die Erhöhung der Produktivität gerichtete Funktion zu»[53], so kann sich die Kritik am Ausbildungssystem ausschließlich auf der explizit politischen Ebene der Herrschaft festmachen, die dann unabhängig von ihren ökonomischen Grundlagen erscheint. In seiner politischen Form der Reproduktion erscheint dann das Ausbildungssystem selbst nicht mehr als ökonomisch vermittelt, und Kritik wird damit auf die institutionell politische Ebene reduziert, auf der der *Anspruch* auf Demokratisierung dem irrationalen Anspruch auf Aufrechterhaltung tradierter Privilegien gegenübersteht und nur noch ideell bekämpft werden muß. Damit könnte die Illusion aufgebaut werden, daß Kritik oder praktische Kritik als Reform auf die Auseinandersetzung von Vernunftprinzipien beschränkt werden könnte. Wohlgemerkt, Baethges Untersuchung zeichnet sich gerade dadurch aus, daß sie die ökonomische Reproduktionsfunktion explizit macht. Eben deshalb ist an ihr die *Tendenz* der Verdrängung sichtbar zu machen. An anderen Positionen ist das schwieriger, weil die Funktion selbst schon verdrängt ist. Hier wenigstens ein Beispiel für die Wiederkehr des Verdrängten: «Die Arbeitswelt zeigt sich unempfindlich für die Maßnahmen der Bildung, sie läßt sich nicht von ihr bestimmen, sie hat gleichsam ihre eigene ‹Sittlichkeit›; und also sieht es aus, als wolle sie alles – auch die Bildung – ihrem pragmatischen Gesetz unterwerfen.»[54]

Etwas später erklärt Hentig dieses Gegeneinander von «Arbeitswelt» und Erziehungsprozessen mit deren verselbständigter Form. «Gegen Ende des vorigen Jahrhunderts war es nicht schwer, für Wilhelm Dilthey festzustellen, daß sich die Erziehung und Bildung in zunehmendem Maße innerhalb der sich differenzierenden Kultur verselbständigte. (Wirtschaft, Recht, Kunst waren den gleichen Weg gegangen!) Diese Entwicklung war sicher notwendig und ist unumkehrbar, hat aber auch ihre schlimmen Folgen gehabt.»[55] Warum soll diese arbeitsteilige Entwicklung unumkehrbar sein? Wie sollte die «Sittlichkeit» der «Arbeitswelt» denn von der «Sittlichkeit» der Erziehungsprozesse überhaupt noch bestimmt werden können, wenn die Entwicklung, wenn der Verselbständigungsprozeß, unumkehrbar scheint?

Wenn er unumkehrbar ist, dann kann Bildungsreform eben das nicht leisten, was sie leisten will, die Veränderung, die Verbesserung der Gesellschaft. Hier steckt Bildungsreformtheorie in einer Antinomie, die sie selbst nicht mehr auflösen kann, und die die Verdrängung der ökonomischen Reproduktionsfunktion kaum umgänglich macht.

Die Verdrängung der ökonomischen Funktion oder ihre Reduktion auf die technologische Komponente ist aber nur der Ausgangspunkt eines Kritikansatzes, der in den Sozialwissenschaften unter der Oberfläche der wissenschaftlichen Auseinandersetzung die Basis einer radikalen Kritik darstellt, die deswegen radikal werden kann, weil sie im Ausbildungssystem den entscheidenden Hebel gesellschaftlicher Veränderung aufzuspüren glaubt, und zugleich die Stabilität der kapitalistischen Produktionsweise in ihrem objektiven Schein naturwüchsiger technologischer Entwicklung voraussetzen kann.

Die Kritik, die viele Sozialwissenschaftler heute am Ausbildungssystem üben, bezieht sich daher im wesentlichen auf seine Sozialisationsfunktion. Soweit die Stabilität kapitalistischer Gesellschaft vorausgesetzt wird, richtet sich die Kritik nur auf das formale Kriterium der Funktionserfüllung. Soweit aber die gesellschaftliche Grundlage des gegenwärtigen Bildungssystems kritisch diskutiert werden soll, erscheint das Ausbildungssystem häufig als Deus ex machina gesellschaftlicher Veränderung. *Der* Gesellschaft wird ein bestimmter, emanzipatorischer oder demokratischer Anspruch unterstellt, auf den das Ausbildungssystem adäquat, funktionsgerecht zu reagieren habe. Kritisch, im Doppelsinne des Wortes, wird die Sache dann, wenn aus dem bestimmten, durch welche demokratischen Einsichten auch immer vermittelten Bild von Gesellschaft selbst wieder nur Funktionsbestimmung und Kontrolle des Ausbildungssystems abgeleitet wird. «. . . moderne Gesellschaftspolitik will diese Zielvorstellung durch eine bewußte Veränderung der gesellschaftlichen Verhältnisse verwirklichen. Sie vertraut nicht mehr darauf, daß der *Endzustand* gleichsam automatisch erreicht werden würde, wenn Gesellschaft und Wirtschaft sich selbst überlassen blieben und zieht die Überzeugung der Gründerjahre, eine gute liberale Wirtschaftspolitik ist die beste Sozialpolitik in Zweifel. Sie will nicht mehr fürsorgliche Sozialpolitik, sondern *vorsorgliche* Gesellschaftspolitik sein. Die Ziele *moderner* Gesellschaftspolitik können jedoch ohne eine aktive Schulpolitik nicht verwirklicht werden.»[56] Das wesentliche Verhältnis von Ausbildung und Gesellschaft ändert sich dadurch nicht, nur wird eine Realdefinition von Gesellschaft durch eine Nominaldefinition ersetzt.

Aber auch der aufs Totale gehende Anspruch vieler Reformtheoretiker, die ihre Gesellschaftskritik enorm radikal formulieren können, kann im Funktionengerüst partikular versacken, und zwar dann, wenn von der Stabilität der Reproduktionsfunktion ausgehend dem Ausbildungssystem die Fähigkeit unterschoben wird, als einziger sozialer Ort Ideen in Wirklichkeit umsetzen zu können. Das Ausbildungssystem wird mit allen gesellschaftlichen Hoffnungen auf Emanzipation beladen. Erfüllt es diese Hoffnungen nicht, so muß der Fehler im Ausbildungssystem selbst zu suchen sein, und reduziert dann häufig gesamtgesellschaftliche Emanzipation auf ein didaktisches oder sozialpsychologisches Problem.

Funktionalistische und normative Kritik treten jedoch im allgemeinen gemeinsam auf. Die Reproduktionsfunktion bleibt vorausgesetzt, wird aber vom gegenwärtigen Ausbildungssystem auf Grund fehlender Chancengleichheit im Ausbildungssystem oder auf Grund seiner mangelnden Qualität nicht voll erfüllt. Das Plädoyer richtet sich dann auf eine quantitative und qualitative Ausweitung des Bildungssystems, von der man sich die Aufhebung der gesellschaftlichen Mißstände verspricht.

Die Bestimmung der Tendenzen und Gesetzmäßigkeiten, denen das System gesellschaftlich organisierter Ausbildung und Erziehung, das Ausbildungssystem, unterliegt, stellen sich also besonders dann als Problem dar, wenn es um das Verhältnis von Ausbildung und Produktion und die ökonomische Reproduktionsfunktion des Ausbildungssystems geht.

Sie scheinen, vorläufig formuliert, durch die gesellschaftliche Form bedingt, in der sich das Kapitalverhältnis im Ausbildungssystem durchsetzt. Gerade die konkrete Form der Durchsetzung des Kapitalverhältnisses im Ausbildungssystem aber ist der Angelpunkt seiner materialistischen Analyse.

Sie resultieren *nicht* daraus, daß die Form der Produktion von Qualifikationen im Ausbildungssystem, zunächst als ideelle Größen, die sich erst später im Produktionsprozeß materiell als Qualitäten der Arbeit realisieren werden, daß diese Form sich der Analyse prinzipiell entzöge. Sie resultieren auch nicht daraus, daß die Funktion, in der das Erziehungssystem zum Produktionsprozeß steht, grundsätzlich unklar ist: Im Gegenteil, die Funktion kann einfach als die Vorbereitung der gesellschaftlichen Individuen auf den Prozeß der Arbeit begriffen werden. Sie resultieren eher aus der Doppeldeutigkeit, die sich für die Analyse des Ausbildungssystems ergibt, wenn es als Moment des gesellschaftlichen Reproduktionsprozesses gefaßt werden soll. Das Ausbildungssystem ist Produzent gesellschaftlicher Ressourcen der Arbeit, die als Qualifikation bezeichnet werden, das heißt, es modifiziert das naturwüchsige Potential an Arbeitsvermögen. Das ist die eine Seite. Es ist zugleich Reproduktionsmoment der Arbeitskräfte, die unter kapitalistischen Bedingungen notwendig Warencharakter annehmen, das heißt, es geht als Kostenfaktor in die Wertbestimmung der Arbeitskräfte mit ein. Das ist die andere Seite.

Beide Ebenen der gesellschaftlichen Funktion des Ausbildungssystems mit Bezug auf den Produktionsprozeß, die als stoffliche Ebene und als Wertebene charakterisiert werden können, und die im realen Prozeß der Ausbildung zu einer Einheit zusammengeschlossen sind, konstituieren Probleme, die die Grundlage für die krisenhafte Verfassung des Systems darstellen, und die im Folgenden zunächst so skizziert werden sollen:

1. Das Ausbildungssystem ist in nahezu allen kapitalistischen Staaten ein relativ selbständiger Komplex von Institutionen, die ihre Ausbildungsfunktion, gemessen an der gesellschaftlichen Teilung der Arbeit und der zunehmenden Differenzierung industrieller Produktionsprozesse, undifferenziert vornehmen. Wird das Ausbildungssystem auf die Summe gesellschaftlicher Arbeitsprozesse direkt bezogen, dann erscheint es in dem Sinne dysfunktional, daß es der Heterogenität der arbeitsteilig organisierten Arbeitsplätze nicht mehr entsprechen kann, wie das etwa bei den Industrie- und Fabrikschulen des ausgehenden 18. Jahrhunderts der Fall war. Es gibt viel mehr unterschiedliche Arbeitstätigkeiten als Ausbildungsgänge.

Das äußerste Maß an Differenzierung erreicht das Ausbildungssystem im Bereich der «Tertiärstufen», also Fach- und Berufsschulen, Akademien und Universitäten. Hier «bildet» es für einzelne Berufe aus, die sowohl was die Reichweite als auch den Komplex der Qualifikationen angeht, die sie abdecken sollen, nicht aus der Dynamik sich entwickelnder Arbeitsprozesse, sondern als statische Applikationen tradierter Formen der Arbeit entwickelt worden sind. Sie entsprechen der zunftmäßigen Organisation der Arbeit eher als ihrer kapitalistischen Form.

Es scheint darum gegenwärtig ein Widerspruch zwischen *Funktion* und *Funktionserfüllung* des Ausbildungssystems zu bestehen, wenn es unter dem Aspekt der Produktion von Qualifikationen betrachtet wird. Besonders deutlich wird der Widerspruch im unmittelbaren Bereich der industriellen Arbeitsprozesse selbst, wo die traditionellen Industrieberufe «Dreher», «Schlosser», «Feinmechaniker» usw. von der technischen Entwicklung aufgehoben worden sind, so daß es kaum noch industrielle Arbeitsplätze geben dürfte, die den tradierten Berufsbildern wirklich entsprechen. Der ständigen technologischen und organisatorischen Innovation der Arbeitsprozesse steht das Ausbildungssystem als eine relativ selbständige Einheit gegenüber, die nicht nur im Querschnitt (nur etwa 40 Prozent der arbeitsfähigen Bevölkerung sind in ihren ursprünglich erlernten Berufen tätig), sondern gerade im Längsschnitt, also in der zeitlichen Entwicklung betrachtet, der industriellen Entwicklung hinterherzuhinken scheint. «Der Beruf bedeutet nicht mehr wie bei Luther Berufung, sondern ist immer mehr ein wechselnder Job geworden.»[57] Die zeitliche Lücke ergibt sich dann mit Notwendigkeit, wenn das Innovationstempo der industriellen Arbeit das Innovationstempo des Ausbildungssystems übertrifft. Nehmen wir an, daß die Erneuerung der industriellen Maschinerie des fixen Kapitals sich heute in fünfjährigem Zyklus durchsetzt, der Ausbildungsprozeß jedes Individuums selbst jedoch mehr als fünf Jahre beträgt, so scheint das Arbeitsvermögen dieses Individuums spätestens dann, wenn es auf den Arbeitsmarkt tritt, der Entwicklung gegenüber veraltet.[58]

Das Ausbildungssystem in seiner jetzigen Form braucht der kapitalistischen Organisation des Produktionsprozesses funktional nur sehr reduziert zu entsprechen. Die *Krise* des Ausbildungssystems, von Coombs sogar «Weltbildungskrise»[59] genannt, scheint in der veralteten, nicht mehr funktionalen Organisation des Ausbildungssystems angelegt zu sein. Dennoch ist das Ausbildungssystem in seinen wesentlichen Strukturen und in seiner dem Produktionsprozeß gegenüber selbständigen Organisation mit Ausnahme der Lehrlingsausbildung in allen entwickelten kapitalistischen Ländern vergleichbar organisiert, es muß also eine innere Logik des Kapitalverhältnisses geben, die diese Struktur erzwingt.

2. Die Kosten für die gesellschaftlich organisierte Ausbildung gehen als Reproduktionskosten in die Wertbestimmung der Ware Arbeitskraft mit ein.

«Auf der einen Seite wird der Ausbildungssektor aus dem im produzierenden Sektor produzierten Gesamtwertprodukt finanziert, sei es in Form individueller Aufwendungen, die dann aus Löhnen oder Profiten stammen, sei es aus den Teilen des Mehrwerts, die der Staat durch seine Umverteilungsmaßnahmen in Form von Steuererhebungen sich aneignet und für den Ausbildungssektor verausgabt. Dabei ist wesentlich, daß die Aufwendungen für den Ausbildungssektor real und de facto (d. h. nach Überwälzungseffekten) den gesamtgesellschaftlichen Mehrwert schmälern müssen, wenn wir annehmen, daß die Ware Arbeitskraft nach ihrem Wert entlohnt wird und von einem historisch bestimmten Konsumtionsstandard längerfristig nicht heruntergedrückt werden kann.»[60]

Steigende Ausbildungskosten pro Arbeitskraft schmälern also unter sonst gleichbleibenden Bedingungen (ceteris paribus), den gesamtgesellschaftlichen Mehrwert. Ceteris paribus, das heißt bei konstantem Ausbeutungsgrad, müssen wachsende Ausbildungskosten die Teilung zwischen notwendigem Produkt und Mehrprodukt zuungunsten des Mehrprodukts verschieben, da das Mehrprodukt sich unter diesen Bedingungen nicht erhöhen kann.[61]

Wir haben es, bei diesem Abstraktionsgrad der Argumentation, nicht mit mehr als einem Modell zu tun. Es steht in Widerspruch zu den Annahmen der bürgerlichen Bildungsökonomie sowie Teilen der marxistischen Bildungsökonomie, die auf der Basis wachstumstheoretischer Modelle zu dem Ergebnis kommt, daß ein wachsendes gesellschaftliches Qualifikationsniveau, an steigende Bildungskosten gekoppelt, wesentlicher Bestimmungsgrund für das Wachstum des Volkseinkommens sei. Hier ergibt sich also eine funktionale Beziehung zwischen wachsenden Ausbildungskosten und steigendem Volkseinkommen. Mit wachsendem Bildungsniveau und wachsenden Bildungsausgaben, das ist die Theorie des «dritten Faktors technischer Fortschritt», soll das Volkseinkommen wachsen. Auch die marxistische Bildungsökonomie hat versucht, mit dem Begriff der Reduktion von komplizierter auf einfache Durchschnittsarbeit dieses Verhältnis materialistisch zu klären. Rosdolsky hat in seiner Arbeit ‹*Das Problem der qualifizierten Arbeit*› den Reduktionsansatz so ausgeführt: «Und hier ist der strenge Arbeitswerttheoretiker Marx ‹unorthodox› genug, als Vergleichsmaßstab den ‹verschiedenen Wert des Arbeitsvermögens selbst›, das heißt im wesentlichen die verschiedenen Ausbildungskosten der qualifizierten und unqualifizierten Arbeiter vorzuschlagen!»[62]

Die Wertsteigerung der Ware Arbeitskraft, soweit sie durch wachsende Qualifikationskosten verursacht wird, soll Maßstab der wertbildenden Potenz der Arbeit selbst sein, wachsende Bildungskosten, sofern sie tatsächlich in eine effizientere Organisation der Ausbildung umgesetzt werden und nicht vom bürokratischen Gestrüpp absorbiert werden, müssen durch die steigende wertbildende Potenz der Arbeitskraft insgesamt kompensiert oder überkompensiert werden. Welchen Grad die wertbildende Potenz der Arbeitskraft annimmt, bleibt jedoch unklar oder wird auf die Frage des faktischen Austauschverhältnisses reduziert. Rosdolskys Position, so Altvater, scheint jedoch «total mit der Grundannahme der Marxschen Werttheorie [zu konfligieren], daß a) *Arbeit* keinen Wert hat, sondern sich nur in Wert vergegenständlicht, also Arbeit die Substanz aller Werte ist, und b) der *Wert der Ware Arbeitskraft* und der *Wert* des durch die respektive Arbeitskraft erarbeiteten *Produkts unabhängig* voneinander sind»[63].

Auch andere Versuche gehen von einer gewissen Beziehung zwischen Wert der Arbeitskraft und ihrer wertbildenden Potenz aus, soweit es dabei um die Relation zwischen Qualifikation und Kompliziertheitsgrad der Arbeit geht: «Es ergibt sich eine Wechselbeziehung, und doch gehen die beiden Wertgrößen nicht ineinander über, weil die die Wertgröße der Funktionen der Teilarbeiter bedingenden Bildungskosten *kein* Bestandteil des vorgeschossenen variablen Kapitals des fungierenden Kapitalisten und damit der Reproduktionskosten der Arbeitskräfte sind, sondern umverteiltes gesellschaftliches Einkommen, Teil der Revenue.»[64]

Der Widerspruch zwischen der Position von Altvater und Huisken auf der einen und Rosdolsky und anderen auf der anderen Seite scheint auf der Wertebene die Dysfunktionalität der gegenwärtigen Ausbildungsorganisationen zu bestätigen. Der Zwang, dem das Kapital unterliegt, wenn auf der Basis veränderter Arbeitsprozesse und daher veränderter Qualifikationsanforderungen aus dem gesamtgesellschaftlichen Mehrwertfonds Innovationen des Ausbildungssektors finanziert werden sollen, ist doch nur dann unvermeidbar, wenn die selbständige Organisation des Ausbildungssystems für die kapitalistische Herrschaftsform konstitutiv ist, wenn also bestimmte Spezialisierungen oder die allgemeine Ausbildung nicht durch die industriellen Kapitale in ihrem Herrschaftsbereich selbst übernommen werden können.

Es stellt sich also ein neues Problem, wenn die Krise in der Organisationsform angelegt ist, wenn die bestehende Dysfunktionalität des Systems nur bei wachsenden finanziellen Aufwendungen in den gegenwärtigen Schranken gehalten werden kann, ohne daß wirkungsvolle Planungsinstrumente und Planungskonzepte bereitliegen würden: Warum kommt es überhaupt zur selbständigen Organisationsform des Ausbildungssystems, und was bedingt sie?

Die bestehende Dysfunktionalität gesellschaftlich organisierter Ausbildung wird besonders dann zum Problem, wenn die gegenwärtige Krise des Systems als Resultat kapitalistischer Produktion und Reproduktion analysiert werden soll, wenn sie also aus dem Kapitalverhältnis abgeleitet werden soll. Das Problem ergibt sich weiter, und hier liegt der Widerspruch auf der analytischen Ebene, wenn die Tendenzen in der Entwicklung des Ausbildungssystems, die Lösung der Krise, aus den aktuellen oder prognostizierten Verwertungsbedingungen des Kapitals abgeleitet werden sollen. Es ergibt sich dann, als Bedingung der Krise, eine zumindest partielle Nichtidentität von Kapitalverhältnis und Ausbildungssystem, deren Lösung in der nicht weiter abgeleiteten zukünftigen Identität zwischen beidem gefunden werden soll. Ein solches Beispiel für mangelhafte Ableitung dieses Reformprozesses aus den Verwertungsinteressen des Kapitals stellt der Begriff «Globalreform»[65] dar. Mit ihm verbindet sich die Vorstellung von der totalen Funktionalisierbarkeit von Bildungsprozessen im Kapitalismus. Aus dem bloßen Begriff der Reform, das heißt einer Veränderung des Systems, die das System selbst nicht überwindet, wird abgeleitet, daß jede Reform, ja jedes Moment der Reform ausschließlich kapitalistischen Interessen dienen müsse. Damit wird eine falsche Vorstellung einer universalen Kompetenz kapitalistischer Planungsinstanzen aufgebaut, Bildungsplanung wird zum «*big brother*» stilisiert.

Zudem ist die Vorstellung widersprüchlich, denn sie pfropft auf dem Theorem von der «lang verschleppten Bildungskrise» (*Bildungsbericht '70*). Wenn es richtig ist, daß «Reformzwänge zunehmend auf dem Ausbildungssektor lasten», dann muß Bildungsplanung in der Vergangenheit versagt haben, ohne daß schlüssige Gründe angegeben werden können, woraus sie ihre neuen Potenzen schöpfen könnte.

Die Beziehung zwischen Ausbildungssystem und Kapitalverhältnis soll sich historisch dysfunktional darstellen, ihre Lösung jedoch funktional im Sinne des Kapitals. Die Frage nach der historisch bedingten Qualifikationsfunktion muß sich daher auf der Basis der Verselbständigungsform gesellschaftlich organisierter Ausbildung stellen, um den analytischen

Widerspruch zu beseitigen, das heißt sie muß die historischen Bedingungen der Verselbständigung hinterfragen.

Es stellt sich bei der Position von Altvater und Huisken die Frage, wie weit die Ceteris paribus-Klausel in der Analyse des Ausbildungssystems sinnvoll ist. Sie gehen davon aus, daß technische Sachzwänge, die aus der Akkumulation des Kapitals hervorgehen, veränderte und gegebenenfalls auch höhere Qualifikationen erfordern, daß der progressive Anstieg der Ausbildungskosten also hauptsächlich ein technologisches Problem darstellt. Das Problem wachsender Qualifikationen ist gerade dann, wenn es sich aus der Veränderung der technischen Zusammensetzung des Produktionsprozesses ergibt, schon durch das Kapitalmotiv, daß zur Innovation des Produktionsprozesses treibt, Produkt der kapitalistischen Verhältnisse selbst und daher nur bei variabler Ausbeutungsrate sinnvoll. Bleibt die technische Ausstattung des Schulwesens selbst relativ konstant, sieht man also von der Erweiterung der Forschungseinrichtungen in den naturwissenschaftlichen Abteilungen der Universitäten ab, die bisher das einzige sind, was innerhalb des Ausbildungssystems an Technologie wirklich durchgesetzt worden ist, so müßte eine steigende gesellschaftliche Ausbeutungsrate der Arbeitskraft zugleich zu einer Reduktion der Ausbildungskosten führen, wenn das Konsumtionsniveau der Lehrer dem der Arbeiterklasse insgesamt strukturell gleich ist. Wird der Ausbeutungsgrad durch die Produktion des relativen Mehrwerts gesteigert, so entstehen zwei gegenläufige Tendenzen: Die Veränderung in der Organisation gesellschaftlicher Arbeitsprozesse, die die Produktion des relativen Mehrwerts voraussetzt, fordert objektiv neue Qualifikationen, die unter Umständen ein gesamtgesellschaftlich höheres Qualifikationsniveau bedingen und darum deren Produktion im Ausbildungssystem. Sie erzwingen indirekt einen wachsenden gesellschaftlichen Aufwand an Bildungkosten. Zugleich als Folge davon, sinkt mit dem durchschnittlichen Wert der gesellschaftlichen Arbeitskraft auch der strukturell vergleichbare Wert der Lehrerarbeitskräfte, das heißt die Bildungskosten pro Lehrer sinken. Auf der einen Seite können die Qualifikationsanforderungen steigen, auf der anderen werden die Qualifikationskosten sinken.

Welche der beiden Tendenzen sich schließlich durchsetzt und unter welchen Bedingungen, bliebe zu untersuchen. Bei der gegenwärtigen technischen Aussattung der Bildungsprozesse jedoch, deren Hauptkostenfaktor die Lehrergehälter darstellen, müßte die zweite Tendenz stark durchschlagen. Auf der empirischen Oberfläche der Entwicklung ist das nicht der Fall, im Gegenteil, die Ausbildungskosten steigen absolut und relativ, sowohl bezogen auf den einzelnen ausgebildeten Schüler wie auf das Volkseinkommen insgesamt.

Die Entwicklung des Ausbildungssystems wie seine Krisen, besonders die gegenwärtig andauernde, scheinen sich nur auf der Basis einer Veränderung der materiellen Struktur gesellschaftlicher Arbeitsprozesse, das heißt unter der Bedingung der Produktion des relativen Mehrwerts zu ergeben. Die folgenden Thesen müßten daher unter diesem Aspekt weiter diskutiert werden:

1. Die Verselbständigung des Ausbildungssystems ist notwendiges Resultat der kapitalistischen Produktionsweise selbst. Das Kapitalverhältnis eignet sich die Potenzen der Arbeit an. Damit ist die Möglichkeit der selbständigen Herausbildung des Arbeitsvermögens gegeben. Der Zirkulationsprozeß des Kapitals, der den Austausch des variablen Kapitals gegen die menschliche Arbeitskraft einschließt, setzt die Qualifikation der Arbeitskräfte bereits voraus, er bedingt daher die Notwendigkeit staatlich organisierter Qualifikation.

2. Die Entwicklung der Arbeitsprozesse im Kapitalismus läßt eine Unterscheidung zwischen produktiven Qualifikationen und intensiven Qualifikationen, das heißt Qualifikationen, die der Arbeitsintensität dienen, legitim erscheinen. Historisch läßt sich zeigen, daß im Kern des Ausbildungssystems hauptsächlich nicht die Vermittlung produktiver Qualifikationen, sondern von Intensivitätsqualifikationen betrieben wird. Die Entfaltung der kapitalistischen Produktionsweise bestätigt diese These erneut.

3. Die Integration der wertmäßig gefaßten Qualifikationsfunktion in den Reproduktionskreislauf mit Hilfe des Reduktionsansatzes führt zu immanenten Widersprüchen, wenn davon ausgegangen wird, daß ein durchschnittlich steigendes Qualifikationsniveau ein durchschnittlich wachsendes Wertprodukt der komplizierten Arbeit zum Resultat hat. Komplizierte oder potenzierte Arbeit, deren wertbildende Potenz wirklich ein Vielfaches der einfachen Durchschnittsarbeit darstellt, ist nichts anderes als produktivere Arbeit im Konkurrenzkampf der Einzelkapitale um Extraprofit.

Anmerkungen, Teil 1

Einleitung, Bildungskrise und Bildungsreform

1 OECD: ‹*Third international survey on the demand for and the supply of scientific and technical personnel*›. Paris 1963, S. 1.

2 G. Picht: ‹*Die Deutsche Bildungskatastrophe*›. Freiburg 1964.

3 Picht, a. a. O., S. 26.

4 R. Dahrendorf: ‹*Bildung ist Bürgerrecht*›. Hamburg 1968 (Neuauflage), S. 30.

5 Dahrendorf, a. a. O., S. 31.

6 H. Becker: ‹*Quantität und Qualität, Grundfragen der Bildungspolitik*›. Freiburg 1962.

7 Picht, a. a. O., S. 65.

8 Berechnungen von Bildungsökonomen der DDR ergeben, daß insgesamt 100000000 Mark für die Ausbildung von Arbeitskräften ausgegeben wurden, die später in die BRD übergewechselt sind.

9 *Bildungsbericht '70*: ‹*Die Bildungspolitische Konzeption der Bundesregierung, Bundesminister für Wissenschaft und Bildung*›. Bonn 1970, S. 33.

10 Dahrendorf, a. a. O., S. 46.

11 *Bildungsbericht '70*, a. a. O., S. 85.

12 Ebd.

13 R. v. Carnap und F. Edding: ‹*Der relative Schulbesuch in den Ländern der BRD 1952–1960*›. Frankfurt am Main.

14 F. Edding in: *Der Spiegel* 23 (1972), S. 62.

15 Ebd.

16 T. Kürthy: ‹*Die soziale Bedingtheit schulischer Leistungen*›. Aachen 1971 (hektographiertes Manuskript), S. 4.

17 Picht, a. a. O., S. 22.

18 Ebd.

19 *Bildungsbericht '70*, a. a. O., S. 132.

20 Dahrendorf, a. a. O., S. 7.

21 Vgl. die Bibliographien in: ‹*Erziehung in der Klassengesellschaft*›. Hg. von J. Beck u. a., München 1971; K. H. Roth und E. Kanzow: ‹*Unwissen als Ohnmacht*›. Berlin 1970; V. Hoffmann: ‹*Der Klassencharakter der Gesamtschule*›. Berlin 1972, bes. S. 18ff.

22 Dahrendorf, a. a. O., S. 7.

23 *Bildungsbericht '70*, a. a. O., S. 142.

24 Ebd.

25 H. v. Hentig: ‹*Schule im Regelkreis*›. Stuttgart 1969, S. 50.

26 P. Fürstenau: ‹*Zur Psychoanalyse der Schule als Institution*›. In: *Das Argument* 27, S. 9.

27 W. Edelstein: ‹*Technologie in der Schule*›. In: *Die neue Gesellschaft* 1 (1965), S. 55.

28 Hentig, a. a. O., S. 34.

29 W. Maier: ‹*Zum Verhältnis von Sozialwissenschaft und politischer Bildung*›. In: *Ästhethik und Kommunikation* 7 (1972), S. 17.

30 Empfehlungen und Gutachten des Deutschen Ausschusses für das Erzie-

hungs- und Bildungswesen. Stuttgart 1966.

31 Grundsätze und allgemeine Lernziele der Gesamtschule Bremen-Ost. April 1972.

32 Gutachten des Deutschen Bildungsrates zur Errichtung von Schulversuchen mit Gesamtschulen. Bonn 1969, S. 29ff.

33 Kultusministerium Baden-Württemberg: ‹*Schulentwicklungsplan Baden-Württemberg*›. Sonderheft von *Kultus und Unterricht*, Jg. 14, Nr. 13a.

34 H. Schelsky: ‹*Soziologische Bemerkungen zur Rolle der Schule in unserer Gesellschaftsverfassung*›. Denkschrift (1956). In: ‹*Auf der Suche nach Wirklichkeit*›. Düsseldorf, Köln 1965, S. 131.

35 Schelsky, a. a. O., S. 136.

36 Dahrendorf, a. a. O., S. 13.

37 *Bildungsbericht '70*, a. a. O., S. 34.

38 J. Beck: ‹*Demokratische Schulreform in der Klassengesellschaft?*›. In: ‹*Erziehung in der Klassengesellschaft*›, a. a. O., S. 90.

39 Hoffmann, a. a. O., S. 14.

40 H. v. Hentig: Vorwort in I. Illich: ‹*Entschulung der Gesellschaft*›. München 1972, S. 7.

41 H. v. Hentig: ‹*Schule im Regelkreis*›, a. a. O., S. 28.

42 A. Pressel: ‹*Thesen zur emanzipatorischen Erziehung*›. In: *Erziehung in der Klassengesellschaft*›, a. a. O. S. 149.

43 Initiativgruppe Solingen: ‹*Schule ohne Klassenschranken. Entwurf zu einer Schulkooperative*›. Reinbek bei Hamburg 1972 (rororo sachbuch 6724), S. 7.

44 Sander u. a.: ‹*Die demokratische Leistungsschule*›. Hannover 1967 (Hervorhebungen im Text von mir; M. M.).

45 Dahrendorf, a. a. O., S. 28.

46 M. Baethge: ‹*Ausbildung und Herrschaft. Unternehmerinteressen in der Bildungspolitik*›. Frankfurt am Main 1970.

47 Baethge, a. a. O., S. 83 ff.

48 Ebd., S. 84.

49 Ebd.

50 Ebd., S. 88.

51 Ebd., S. 87.

52 Ebd.

53 Ebd., S. 89.

54 H. v. Hentig: ‹*Schule im Regelkreis*›, a. a. O., S. 28.

55 Ebd., S. 33.

56 Sander u. a., a. a. O. (Hervorhebungen im Text von mir; M. M.).

57 Becker, a. a. O., S. 233.

58 In diese Argumentation gehen allerdings drei Prämissen ein: a) Die Produktivität und Intensität der Arbeit dieses Individuums als Arbeitskraft ist dann am größten, wenn seine Ausbildung als Funktion eines bestimmten Arbeitsplatzes vom Beginn seiner Ausbildung geplant und durchgeführt ist, das Individuum also optimal an den ihn erwartenden Arbeitsplatz angepaßt ist.

b) Die technische Zusammensetzung (Ausstattung) aller vergleichbaren Arbeitsplätze, das heißt in einer oder verschiedenen Branchen ist homogen.

c) Der Marktmechanismus, über den die Arbeitskraft vermittelt wird, ist optimal im Sinne der «Allokation» gesellschaftlicher Ressourcen der Arbeit.

Keine der drei Prämissen dürfte sich in ausschließlicher Form bestätigen, allerdings würde die Ungültigkeit der beiden letzten das Bild nur komplizierter machen und nicht verändern. Die Bestätigung der ersten Prämisse scheint mir von der Art der Arbeit abzuhängen. Vgl. dazu die Überlegungen von M. Blaug u. a.: ‹*The Utilization of Educated Manpower in Industry, A Preliminary Report*›. Edinburgh 1966.

59 Ph. H. Coombs: ‹*Die Weltbildungskrise*›. Berlin 1969.

60 E. Altvater u. a.: ‹*Materialien zur politischen Ökonomie des Ausbildungssektors*›. Erlangen 1971, S. XXI.

61 In der Ceteris paribus-Klausel ist die absolute Größe der Arbeiterbevölkerung mit eingeschlossen.

62 R. Rosdolsky: ‹*Zur Entstehungsgeschichte des Marxschen Kapitals.*› Bd. II. Frankfurt am Main, S. 610.

63 Altvater, a. a. O., S. 256.

64 Roth u. a., a. a. O., S. 79.

65 Vgl. die Ausführungen von Roth u. a., a. a. O.

Vom Geld ist die Rede, von wem noch?

[97] *«Weil sie gut gegen mich gewesen ist» . . .*

... deshalb hinterließ der Mann, von dem hier die Rede ist, seiner Frau einen halben Zentner Silbermünzen, ein kleines Vermögen, «zu dem, was ich ihr früher durch Schenkung gegeben habe». Außerdem ließ er ihr in seinem Testament die Wahl zwischen seinem Stadt- und seinem Landhaus: «Dasjenige der beiden Häuser, welches sie haben will, sollen die Vormünder so möblieren, wie es ihnen hübsch und ihr für ihre Ansprüche genügend erscheint.»

Der Mann hatte schon von Haus aus genügend Mittel, um ein freies Leben zu führen. Sein Vater war Leibarzt eines Herrschers. Mit 17 ging der Sohn zum Studium in die Hauptstadt und blieb 20 Jahre dort, zuerst als Schüler, dann als eine Art Mitarbeiter eines Akademieleiters. Der 37jährige, der sich sorgfältig kleidete und Schmuck liebte, verließ die Hauptstadt nach dem Tod seines einstigen Lehrers und folgte der Einladung eines früheren Mitschülers. Der hatte als Bankangestellter (ein Geschichtsschreiber nannte ihn den «Sklaven eines Geldwechslers») so viel verdient, daß er sich Eigentum an einem Bergwerk und einen Regententitel kaufen konnte.

Der Mann, von dem hier die Rede ist, war Philosoph und Naturwissenschaftler. Eine Welsart ist nach ihm benannt und eine indische Hirschart. Von der Hirschjagd allerdings schien er nicht viel zu verstehen: «Gefangen werden Hirsche auf der Jagd durch Flötenspiel und Singen; sie legen sich dann vor Entzücken nieder.» Seine Schriften hatten großen Einfluß, von den einen verehrt, von den andern bekämpft. «Der verdammte hochmütige, arglistige Heide», schrieb Luther, habe «mit seinen falschen Worten so viele von den besten Christen verführt und zum Narren gehalten».

63jährig starb unser Mann an einem Magenleiden, in seinem Landhaus. Hierhin hatte er sich zurückgezogen, nachdem man ihn der Gotteslästerung beschuldigt hatte. Von dem war die Rede?

(Alphabetische Lösung: 1–18–9–19–20–15–20–5–12–5–19)

2 Qualifikationen und Produktionsprozeß

Die Krise des Ausbildungssystems, so haben wir im ersten Abschnitt festgestellt, muß sich an Funktion und Funktionserfüllung dieses Systems in seiner Beziehung auf die Reproduktion der Gesellschaft festmachen lassen. Die *verselbständigte* gesellschaftliche Form des Ausbildungssystems ist Bedingung für die Funktionskrise. Daher muß, unter dem Aspekt der ökonomischen Reproduktionsfunktion, unsere Frage zunächst lauten: Wie sieht das Verhältnis von Ausbildung und Produktion im einzelnen aus, unter der Bedingung, daß sich das Arbeitsvermögen unabhängig vom Arbeitsprozeß herausbilden soll?

2.1 Arbeitsprozeß

Der Arbeitsprozeß ist in seiner einfachsten Bestimmung Stoffwechsel zwischen Mensch und Natur. Er ist der Prozeß, in dem die «Naturmacht Mensch» der Natur gegenübertritt und sie ihren Zwecken gemäß verändert.[1] Durch die *zweckbestimmte* und nicht mehr nur *instinktiv* vermittelte Aneignung der Natur vergesellschaftet sich der Mensch. Das Ziel des Prozesses, der Zweck, ist die Produktion von Gebrauchswerten, von Dingen, die durch ihre Eigenschaften menschliche Bedürfnisse irgendeiner Art befriedigen[2], und die sich dadurch, daß sie vom Menschen konsumiert werden, «verwirklichen».

Der Gebrauchswert als Resultat des Prozesses konstituiert erst den Charakter der Bewegung als *Arbeit*. Die einfachsten Momente des Arbeitsprozesses, Arbeitsgegenstand, Arbeitsmittel wie die Arbeit selbst sowie das *Funktionsverhältnis* dieser Momente zueinander sind für den Charakter der Arbeiten wie die konkrete Gestalt, in der sich die Arbeit ausdrückt, wesentlich bestimmend.

Die materielle Struktur des Gebrauchswerts bestimmt die Funktionen der Arbeit. Die Produktion eines Rockes zum Beispiel setzt bestimmte Operationen voraus, deren Charakter durch die Größe, die Form, das Aussehen des Rockes gegeben ist. Der Rock definiert als Gebrauchswert den Charakter der Arbeit. «Der Rock ist ein Gebrauchswert, der ein besonderes Bedürfnis befriedigt. Um ihn hervorzubringen, bedarf es einer bestimmten Art der produktiven Tätigkeit. Sie ist bestimmt durch ihren Zweck, Operationsweise, Gegenstand, Mittel und Resultat. Die Arbeit, deren Nützlichkeit sich so im Gebrauchswert ihres Produkts oder darin darstellt, daß ihr Produkt ein Gebrauchswert ist, nennen wir kurzweg nützliche Arbeit. Unter diesem Gesichtspunkt wird sie stets betrachtet mit Bezug auf ihren

Nutzeffekt.»[3]

Die Art, in der der Gebrauchswert produziert wird, also das *Funktionsverhältnis*, das die Momente des Arbeitsprozesses zueinander einnehmen, ist aber nicht nur durch die spezifische Art des Gebrauchswerts, sondern zugleich – historisch – durch den Entfaltungsgrad der Produktivkräfte mitbedingt. «Die Arbeitsmittel sind nicht nur die Gradmesser der Entwicklung der menschlichen Arbeitskraft, sondern auch Anzeiger der gesellschaftlichen Verhältnisse, worin gearbeitet wird.»[4]

Produktivkräfte und gesellschaftliche Form des Produktionsprozesses stehen in einem bestimmbaren Verhältnis zueinander. Zwar kann der Entwicklungsgrad des Arbeitsprozesses zum Maßstab für die Produktivkräfte gemacht werden, er erklärt aber noch nicht deren Entstehungsgeschichte, die nicht dem Arbeitsprozeß immanent ist. Der Arbeitsprozeß, das Mittel zum Zweck des Gebrauchswertes, erklärt sich nicht aus sich selbst heraus. Seine Genese wie die Chance seiner qualitativen Veränderung können für den Arbeitsprozeß nur aus dem Verhältnis heraus klären lassen, indem er, als *Produktionsprozeß*, zur Gesellschaft steht. Die Entfaltung der Produktivkräfte, in der sich die qualitative Struktur des Arbeitsprozesses und damit auch die Qualität der Arbeit selbst ausdrückt, ist auf einer technischen Basis allein nicht zu klären, sie muß durch die gesellschaftlichen Verhältnisse, in die der Produktionsprozeß einbezogen ist, erläutert werden.

Wird der Zweck des Prozesses durch das arbeitende Subjekt oder die gemeinschaftlich operierenden Subjekte eines Gemeinwesens selbst bestimmt – wie im primitiven Gemeinwesen –, dann sind auch die Formen des Funktionsverhältnisses sowie die Verwendung der Werkzeuge diesen Subjekten untergeordnet. Die Qualität der Arbeit ist durch den Prozeß definiert und nicht von ihm ablösbar. Geschichtlich ist die Arbeit nicht «Arbeit sans phrase»[5], sondern auch ihrer Qualität nach dem zweckbestimmten Prozeß identisch.

Qualifikation als eine besondere Veranstaltung, die, wie das heute der Fall ist, das subjektive Arbeitsvermögen dem objektiven Arbeitsprozeß entsprechend, aber unabhängig von ihm produziert, erscheint also als sinnlos. Das gilt so lange, wie das Subjekt des Prozesses, der Mensch, überhaupt erst durch die Einheit seiner Bewegung mit der zweckgerichteten Tätigkeit zum gesellschaftlichen Subjekt wird.

Die entwicklungsgeschichtliche Identität, die im einfachen Arbeitsprozeß zwischen seinen subjektiven Momenten (Arbeiter) und seinen objektiven Momenten (Arbeitsgegenstand und Arbeitswerkzeug) angelegt ist, schließt die Prozedur der Qualifikation, die vom Arbeitsprozeß selbst abgelöste Qualität des Arbeitsvermögens auf dieser Ebene aus. Das Arbeitsvermögen bildet sich nur *innerhalb* des Prozesses heran.

Die Subjekt-Objekt-Identität des Arbeitsprozesses ist in primitiven stationären Gesellschaften, wie zum Beispiel Fluß- und Ackerbaukulturen gegeben. Sie erklärt in vorkapitalistischen Gesellschaften die Statik oder die langsame Entwicklung der Produktivkräfte.

Stationäre Gesellschaften produzieren mit dem Ziel der Befriedigung ihrer grundlegenden Bedürfnisse, die sich aus geographischen und klimatischen Umständen etc. ergeben, sowie dem Ziel der Vorsorge. Dies ist ein Motiv, dessen Grundlage wieder in natürlichen Bedingungen, Winter und Sommer, Regen- und Trockenperioden usw. zu suchen ist. Für Gesellschaften, deren Produktion auf die eigenen Bedürfnisse und nicht auf die Bedürfnisse anderer gerichtet ist, ist die Entwicklung ihrer Arbeitsformen, die Entwicklung ihrer Produktivkräfte durch die Natur begrenzt und durch ihre eigenen Bedürfnisse beschränkt. Die Produktion auf Vorrat zum Beispiel kann sich nur bis zu dem Punkt fortentwickeln, an dem die Verwesung oder Zersetzung des Gelagerten beginnt. Der natürlichen Reproduktion des Gemeinwesens sind die Produktionsformen untergeordnet. Entwickelt sich der Produktionsprozeß auf der natürlichen Grundlage des Gemeinwesens, so sind alters- und geschlechtsbedingte Unterschiede Ausgangspunkt der Arbeitsteilung. Geteilte Arbeit, das heißt das gleichzeitige Ausführen verschiedener Arbeitsvorrichtungen, bedingt unterschiedliche, nebeneinander existierende Qualitäten der Arbeit, so wie das Aufziehen eines Kindes eine andere Arbeitsqualität hat als das Jagen. Zugleich ist der naturwüchsige Rahmen des Gemeinwesens eine Schranke der Entwicklung der Arbeitsteilung.

Die Entwicklung der Produktivkräfte kommt zum Stillstand, wenn die unmittelbare Not in der Auseinandersetzung mit der Natur gewendet ist, die Not-wendigkeit einer weiteren Entfaltung der Produktivkräfte für das Gemeinwesen selbst nicht mehr besteht. Damit ist eine relative Schranke für die Ausbreitung neuer Arbeitsqualitäten gegeben.

Zusammengefaßt: Die Struktur des Arbeitsvermögens dieser Gesellschaften ist entweder durch die natürliche Struktur der Gesellschaft vermittelt (geschlechts- und alterspezifische Arbeitsteilung) oder sie entwickelt sich empirisch an den Grenzen, die durch die äußeren Naturbedingungen gegeben sind.

«Das Individuum verhält sich einfach zu den objektiven Bedingungen der Arbeit als den seinen; zu ihnen, als der unorganischen Natur seiner Subjektivität, worin diese sich selbst realisiert; die hauptobjektive Bedingung der Arbeit erscheint nicht selbst als Produkt der Arbeit, sondern findet sich vor als Natur; auf der einen Seite das lebendige Individuum, auf der andern die Erde, als die objektive Bedingung seiner Reproduktion.»[6]

Ebenso mit dem Handwerk. Es entwickelt sich in den Zünften auf der Basis vorgefundener und tradierter Prozesse ebenfalls organisch, die

Struktur des handwerklichen Arbeitsvermögens reproduziert sich darum nicht in Schulen, sondern *innerhalb* der Werkstatt. In den mittelalterlichen Städten nehmen die Produkte des Handwerks im Sinne des Produktenaustausches Warencharakter an, die Produktion selbst erfolgt jedoch wesentlich auf Bestellung: der Gebrauchswert bleibt Systemziel der Arbeit. Die Kunstfertigung der handwerklichen Arbeit ist auf das gesamte Arbeitsfeld der Werkstatt bezogen und wird in der Werkstatt durch die handwerklichen Techniken wie die Gesetze der Manufaktur tradiert.» Der Handwerker ist «supposed», Meister zu sein in seinem Handwerk. Innerhalb des Produktionsprozesses selbst figuriert er ebensowohl als Handwerker wie seine Gesellen und weiht erst seine Lehrlinge in das Geheimnis des Handwerks ein. Er hat zu seinen Lehrlingen ganz dasselbe Verhältnis wie ein Professor zu seinen Schülern.[7] In den Zünften waren selbst einzelne Handgriffe «partiell vorgeschrieben»[8].

Qualifikation der Arbeit erscheint daher noch nicht als selbständige oder vom Prozeß unabhängige Veranstaltung. Noch ist sie, auf der Basis seiner Subjekt-Objekt-Identität, ihm immanent.

Historisch bildet sich die Arbeitsqualität innerhalb und durch den Arbeitsprozeß heraus. Qualifikation, sofern der Begriff in primitiven Gesellschaften überhaupt einen Sinn hat, ist prozeß*abhängig*. Der Arbeitsprozeß, sofern wir ihn in der einfachen Gestalt der vorkapitalistischen Gesellschaften betrachten, gibt keine Gründe her, die die Notwendigkeit der verselbständigten Form von Qualifikation begründen könnten.

Es muß daher über den einfachen Arbeitsprozeß hinausgegangen werden. Der Grund für die heute dominierende Form der Qualifikation ist historisch nicht im Arbeitsprozeß selbst zu suchen, sondern er muß in den gesellschaftlichen Verhältnissen zu finden sein, in die der Prozeß eingebettet ist. Ausgangspunkt der vom Arbeitsprozeß verselbständigten Qualifikation muß daher die Zweck-Mittel-Relation des Produktionsprozesses sein, in der er sich gesellschaftlich darstellt. Wenn der Produktionsprozeß nicht mehr von den arbeitenden Subjekten selbst bestimmt ist, wenn er sich ihnen gegenüber verselbständigt hat, besteht die Chance einer «prozeß*unabhängigen*» Herausbildung des Arbeitsvermögens. Verselbständigung des Produktionsprozesses kann zunächst nur heißen, daß die Arbeiter den Zweck des Prozesses nicht mehr selbst bestimmen. Dann kann sich die Möglichkeit ergeben, daß der Arbeitsprozeß, auch seiner materiellen Struktur nach, gegenüber der lebendigen Arbeit selbständig wird.

Wir haben gesehen, daß in stationären oder vorkapitalistischen Gesellschaften, die Produktion auf den Gebrauchswert, auf die «Nützlichkeit einer Sache» gerichtet ist. Die Produktion muß daher durch das bestimmt sein, was die Gesellschaft oder die produzierenden Individuen für nützlich erachten.

2.2 Kapitalistischer Verwertungsprozeß

Die *kapitalistische Produktionsweise* dagegen hat nicht den Gebrauchswert einer Sache, sondern den Tauschwert einer Ware zum Ziel. Sie stellt sich als gesellschaftliches Verhältnis dar, dessen Zweck die Produktion eines abstrakten, auf dem Austausch von Produkten als Waren beruhenden Verhältnisses, des *Werts* ist. Grundlage der kapitalistischen Produktionsweise ist die Warenproduktion, die von Tauschwerten, die sich nach Maßgabe ihrer Wertgröße austauschen. Vermittelndes Moment der Austauschbewegung wird das Geld, daß in der Durchsetzung der Warenproduktion allgemeines Äquivalent des gesellschaftlich produzierten Reichtums wird.

Der entscheidende Schritt des Übergangs von der einfachen Warenproduktion zur Kapitalproduktion vollzieht sich in der Ablösung der Zirkulationsform Ware – Geld – Ware (W – G – W) durch die Zirkulationsform Geld – Ware – Geld (G – W – G). Im Prozeß ihrer wiederholten Bewegung nimmt sie die Form Geld – Ware – mehr Geld (G – W – [G + dG]) an. Denn: «Handelt es sich einmal um die Verwertung des Werts, so besteht dasselbe Bedürfnis für die Verwertung von 110 Pfund (G + dG) wie für die von 100 (G), da beide beschränkte Ausdrücke des Tauschwerts sind, beide also denselben Beruf haben, sich dem Reichtum durch Größenausdehnung schlechthin anzunähern.»[9]

Wesentlich ist hier der Prozeßcharakter der Bewegung, der die Kapitalform überhaupt erst konstituiert: «Die Zirkulation des Geldes als Kapital ist Selbstzweck, denn die Vorwertung [des Werts] existiert nur innerhalb dieser stets erneuerten Bewegung. Die Bewegung des Kapitals ist daher maßlos [. . .] Er [der Wert; M. M.] geht beständig von einer Form in die andere über, ohne sich in dieser Bewegung zu verlieren, und verwandelt sich so in ein *automatisches Subjekt*. In der Tat wird der Wert hier Subjekt eines Prozesses, worin er unter dem beständigen Wechsel der Formen von Geld und Ware seine Größe selbst verändert, sich als Mehrwert von sich selbst als ursprünglichem Wert abstößt, sich selbst verwertet.»[10]

Das Kapital kann sich als Reproduktionsprozeß der Gesellschaft nur durchsetzen, wenn es sich von der Zufälligkeit befreit, die darin liegt, daß eine Ware teurer verkauft wird, als sie gekauft worden ist. Das Kapital muß also eine Ware finden, die die Eigenschaft aufweist, im Prozeß der Kapitalverwertung mehr Wert zu produzieren, als sie selbst repräsentiert.

Allein die Ware *Arbeitskraft* erfüllt diese Bedingung. Sie drückt sich darin aus, daß der Gebrauchswert der Arbeitskraft, die Arbeit selbst, für eine bestimmte Reproduktionsperiode Eigentum des Kapitals wird; während dieser Zeit kann das Kapital über den Arbeiter frei verfügen. Das

Kapital kombiniert die gegenständlichen (Produktionsmittel) wie die lebendigen Faktoren (Arbeit) des Arbeitsprozesses nach dem Gesetz seines Prozeßcharakters, der Verwertung des Werts. Sein Prozeßziel, der Zweck der ganzen Angelegenheit, ist nicht die Produktion von Gebrauchswerten, sondern die Produktion von Waren, die es, nachdem es die lebendige Arbeit im Produktionsprozeß «eingesaugt» hat, auf dem Markt realisieren will: einschließlich der Differenz zwischen dem Wert der Arbeitskraft als Ware und dem Wertprodukt, daß die Arbeit als Gebrauchswert des Kapitals im Produktionsprozeß geschaffen hat, dem *Mehrwert*.

Bisher war die lebendig sich verausgabende Arbeitskraft selbst Subjekt des Arbeitsprozesses, der Arbeitsprozeß konnte ihr daher nicht selbständig gegenübertreten. Was ihr selbständig gegenübertrat, die Natur, war vermittels des Prozesses gebannt, wenn auch nicht endgültig besiegt. Mit dem Eindringen des *Wertsubjekts* in den Produktionsprozeß kehrt sich das Verhältnis um. Subjekt – automatisches Subjekt – wird jetzt der Prozeß selbst, durch seinen Kapitalcharakter. Nicht mehr die Produktion von Gebrauchswerten ist sein «bestimmender Zweck», das Ziel des Prozesses, sondern die Verwertung des Werts, die Produktion von Mehrwert. Die Arbeit ist nicht mehr das «übergreifende Subjekt» des Prozesses, der Prozeß hat sich, als «automatisches Subjekt», der Arbeit gegenüber verselbständigt. Nun besteht auch die Möglichkeit, daß die Qualität des «subjektiven Faktors» Arbeit als verselbständigte Qualifikation der Arbeitskraft erscheint. Jetzt besteht auch die Möglichkeit eines Ausbildungssystems.

Betrachten wir die Sache näher: Der kapitalistische Produktionsprozeß tritt der Arbeitskraft verselbständigt gegenüber. Zunächst – gesellschaftlich – in Gestalt des um sich selbst rotierenden Kapitalsubjekts, später, auf der entfalteten Stufe der kapitalistischen Produktion, in Gestalt der kapitalistischen Maschinerie auch materiell. Wie der Produktionsprozeß sich gegenüber der Arbeitskraft verselbständigt[11], so *scheint* die Arbeitskraft mit allen ihren Qualitäten als selbständig, dem Produktionsprozeß selbst äußerlich. Dieser Schein ist das genaue Gegenteil der Wirklichkeit.[12] Aber er hat einen Verbündeten: die Qualifikation. Sie suggeriert, daß, wenn auch nicht die Arbeit, so doch ihr Vermögen, die Fähigkeit zur Arbeit prozeß«unabhängig» ist.

Die Durchsetzung der kapitalistischen Produktionsweise vollzieht sich auf zwei verschiedenen Stufen, die für die Untersuchung zweier verschiedener Ebenen des Qualifikationsbegriffs von Interesse sind. Zunächst ordnet sich das Kapital den Produktionsprozeß *formell* unter, das heißt, es nimmt ihn so, wie es ihn vorfindet, ohne ihn technisch zu verändern. Dann beginnt die *reelle* Subsumtion der Arbeit unter das Kapital, in der der Produktionsprozeß dem Verwertungsinteresse des Kapitals entsprechend organisiert wird.

Auf der logischen Ebene bezeichnet der Begriff der formellen Subsumtion die Nichtidentität von Kapital und Arbeitsprozeß. Das Kapital findet historisch tradierte Produktionsprozesse vor und ordnet sie sich unter, ohne sie zunächst zu verändern. Unter dem Aspekt des Arbeitsprozesses selbst bleibt die Arbeitskraft Subjekt des Prozesses, unter dem Aspekt des Reproduktionsprozesses wird es das Kapital. Der Übergang von der formellen zur reellen Subsumtion, der Übergang von der handwerklichen zur industriellen Produktionsweise, vollzieht sich, grob skizziert, über die Organisationsstufen Verlagssystem und Manufaktur. Für uns ist dieser Übergang interessant unter dem Aspekt der generellen Veränderung von Arbeitsqualitäten, das heißt den historischen Anforderungen, die sich durch die Kapitalform für die Inhalte des Arbeitsvermögens ergeben.

Erste Kategorie für den gesellschaftlichen Charakter der Produktion unter kapitalistischen Bedingungen ist die einfache Kooperation. Es ist: «Die Form der Arbeit vieler, die in demselben Produktionsprozeß planmäßig neben- und miteinander arbeiten.»[13]

So wie die Kooperation Voraussetzung gesellschaftlicher Arbeit überhaupt ist, erscheint sie als Voraussetzung des Kapitals.[14] Umgekehrt wird das Kapitalverhältnis zur Voraussetzung entfalteter Kooperationsformen. Das Kapital kombiniert die Arbeiter zur kooperativen Einheit mit dem Ziel seiner maximalen Verwertung. Wird der kombinierte Arbeitstag produktiver[15], so steigert sich die Produktion des relativen Mehrwerts, denn das Kapital tauscht sich *nicht* gegen die *kooperierenden* Arbeiter als produktiver Einheit aus, sondern gegen jeden einzelnen, und es tauscht sich nicht aus nach Maßgabe des Produkts der kooperierenden Arbeiter, sondern nach Maßgabe der Reproduktionskosten jeder einzelnen Arbeitskraft. Die kooperative Potenz der Arbeit ist *Gebrauchswertqualität* der Arbeitskraft, sie hat mit Tauschwert nichts zu tun. Mit Bezug auf den Arbeitsprozeß ist die Kooperation Produktivkraft der Arbeit selbst, mit Bezug auf den Verwertungsprozeß erscheint sie als Produktivkraft des Kapitals. So gesehen wird Kooperation als Mittel der Produktion des relativen Mehrwerts zum Mittel der Ausbeutung.

Die einfache Gestalt der Kooperation bleibt Grundform der kapitalistischen Produktion, durch die sie weiterentwickelt wird. Die Arbeit in der Werkstatt wird verteilt: «Statt die verschiedenen Operationen von demselben Handwerker in einer zeitlichen Reihenfolge verrichten zu lassen, werden sie voneinander losgelöst, isoliert, räumlich nebeneinander gestellt, jede derselben einem anderen Handwerker zugewiesen und alle zusammen von den Kooperierenden gleichzeitig ausgeführt. Diese zufällige Verteilung wiederholt sich, zeigt ihre eigentümlichen Vorteile und verknöchert nach und nach zur systematischen Teilung der Arbeit.»[16]

Die formelle Subsumtion der Arbeit unter das Kapital schlägt jetzt in reelle Subsumtion um. Schien bisher das Funktionsverhältnis des Arbeitsprozesses nur in Gestalt der kapitalistischen Kooperation verändert, so wird jetzt das Funktionsverhältnis zwischen Arbeit und Arbeitsmittel umgestülpt.

Das Verhältnis von Arbeiter und Werkzeug verändert sich. Der Prozeß beginnt mit der Manufaktur. Die ursprünglichen handwerklichen Funktionen des Arbeiters werden auf Teilfunktionen in einem Gesamtmechanismus, der aus vielen Arbeitern besteht, reduziert. Der Arbeiter bleibt an die Teilfunktion gekettet, die er perfekt beherrschen muß, an der er die spezifische manufakturielle Virtuosität entwickeln muß. «Während die einfache Kooperation die Arbeitsweise der einzelnen im großen und ganzen unverändert läßt, revolutioniert die Manufaktur sie von Grund auf und ergreift die individuelle Arbeitskraft an ihrer Wurzel. Sie verkrüppelt den Arbeiter in eine Abnormität, indem sie sein Detailgeschick treibhausmäßig fördert durch Unterdrückung einer Welt von produktiven Trieben und Anlagen.»[17]

Das Handwerk übte die Arbeit als eine «Kunst» aus. Jetzt, in dem kleinen, durch Arbeitsteilung definierten Bereich, der dem Teilarbeiter noch verbleibt, bleibt nichts als leere Virtuosität, automatisches, habitualisiertes Arbeitsverhalten. «Die Kenntnisse, die Einsicht und der Wille, die der selbständige Bauer oder Handwerker, wenn auch nur auf ganz kleinem Maßstab entwickelt, wie der Wilde alle Kunst des Krieges als persönliche List ausübt, sind jetzt nur noch für das Ganze der Werkstatt erheischt. Die geistigen Potenzen der Produktion erweitern ihren Maßstab auf der einen Seite, weil sie auf vielen Seiten verschwinden. Was der Teilarbeiter verliert, konzentriert sich ihm gegenüber im Kapital.»[18]

Gleichwohl steckt in der Manufaktur ein revolutionärer Kern. Das ist die bewußte, über die tradierten Schranken des Handwerks hinausgehende Organisation des Gesamtmechanismus der Arbeit. Noch ist der «subjektive Arbeitskörper» der Träger des Prozesses, es gibt noch kein vom subjektiven Faktor unabhängiges «objektives Gerippe», wie es in der großen Industrie in Gestalt der Maschinerie existieren wird. Aber schon jetzt zeichnet sich, mit der Veränderung des Arbeitsmittels, diese Tendenz ab. «Sobald jedoch die verschiedenen Operationen eines Arbeitsprozesses voneinander losgelöst sind und jede Teiloperation in der Hand des Teilarbeiters eine möglichst entsprechende und daher ausschließliche Form gewinnt, werden Veränderungen der vorher zu verschiedenen Zwecken dienenden Werkzeuge notwendig. Die Richtung ihres Formwechsels ergibt sich aus der Erfahrung der besonderen Schwierigkeiten, welche die unveränderte Form in den Weg legt. Die Differenzierung der Arbeitsinstrumente, wodurch Instrumente derselben Art besondere feste Formen für jede besondere Nutzanwendung erhalten, und ihre Spezialisierung, wodurch jedes solches Sonderinstrument nur in der Hand spezifischer Teilarbeiter in seinem ganzen Umfang wirkt, charakterisieren die Manufaktur.»[19]

Manufaktur und große Industrie unterscheiden sich wesentlich durch das Verhältnis von Arbeit und Arbeitsmittel. In der Manufaktur wird der Funktionswechsel innerhalb des Arbeitsprozesses noch von der lebendigen Arbeit getragen, das heißt, jede Reorganisation des Arbeitsprozesses muß primär von der Tätigkeit des Arbeiters ausgehen. Erst in einem zweiten Schritt, durch die veränderte Tätigkeit des Arbeiters, werden sich die Werkzeuge entsprechend verändern.[20] Die Teilung der Arbeit bleibt daher subjektives Prinzip der Manufaktur und drückt sich in unterschiedlichen Qualitäten der einzelnen Teilarbeiten aus.

Das Prinzip von Kooperation und Arbeitsteilung, das die Manufaktur entwickelt, steigert die Produktivkraft der Arbeit. Das ist aber nicht primäres Ziel des Prozesses, primärer Zweck der Bewegung. Primär ist die Verwertung des vorgeschossenen Kapitalwertes, der die neue Organisation der Arbeitsprozesse erzwingt, je schneller, je *intensiver* der Arbeiter arbeitet, um so größer wird der Mehrwert sein, den er produziert.

Die Arbeit wird daher Mittel zum Zweck der Befriedigung eines einzigen Bedürfnisses, das außerhalb der Arbeiter selbst und dem stofflichen Inhalt des Arbeitsprozesses liegt, der Produktion des Mehrwerts. Der Zweck der Produktion tritt dem Arbeiter äußerlich gegenüber. Das Funktionsverhältnis zur Realisierung dieses Zwecks im Arbeitsprozeß, die Produktion des Mehrwerts, verändert sich. Das Verhältnis von Arbeiter und Arbeit ist entfremdet. Die Arbeit nimmt Zwangscharakter an. Das konstituiert die *Despotie des Kapitals*. «Die Kooperation der Lohnarbeiter ist ferner bloße Wirkung des Kapitals, daß sie gleichzeitig anwendet. Der Zusammenhang ihrer Funktionen und ihre Einheit als produktiver Gesamtkörper liegt außer ihnen, im Kapital, daß sie zusammenbringt und zusammenhält. Der Zusammenhang ihrer Arbeiten tritt ihnen daher ideell als Plan, praktisch als Autorität des Kapitalisten gegenüber, als Macht eines fremden Willens, der ihr Tun seinem Zweck unterwirft.»[21]

Disziplin, fremder, äußerer Zwang wird die große Qualität des kapitalistischen Produktionsprozesses. Eine historisch neue Qualität der lebendigen Arbeit wird sichtbar, die erstens durch Anpassung an Zwang und Hierarchie (Despotie des Kapitals) charakterisiert werden kann, zweitens durch gesteigerte Intensität der Arbeitsleistung im Dienste des Kapitals.

Die Forderung nach sozialer Anpassung und Unterwerfung unter die neuen Bedingungen der Produktion ist allen Arbeitsprozessen gemeinsam, die unter der Herrschaft des Kapitals stehen, das heißt unter dem

Gesetz der Produktion maximaler Profite. Sie bedingen daher allgemeine Qualitäten der Arbeit – im Gegensatz zu jenen Qualitäten, die der manufakturielle Arbeiter nur in jahrzehntelanger Übung an einer Teilarbeit erwirbt und die seine Spezialisierung ausmachen. Wir können jetzt – und das ist das historisch Neue – zwischen allgemeinen Qualitäten der Arbeit unterscheiden, die aus der Herrschaft des Kapitals direkt abgeleitet werden können, sowie anderen Qualitäten (Spezialisierungen), die sich nur am konkreten Arbeitsprozeß selbst ergeben und zumindest auf manufakturieller Basis noch nicht von ihm abgelöst werden können.

Qualifikation, Modifikation des Arbeitsvermögens, kann jetzt analytisch aufgeschlüsselt werden. Die besondere Qualität der Arbeit an sich erscheint als *Qualifikation des Arbeitsprozesses*, die Qualität der Arbeit für das Kapital erscheint als *Qualifikation des Verwertungsprozesses*.

Während die konkreten Qualifikationen (Qualifikationen des Arbeitsprozesses) noch während der Manufaktur an die singulären Funktionsverhältnisse der Werkstatt gebunden sind, ist die Forderung nach Intensivierung der Arbeit, nach Verausgabung von «mehr Arbeit in gleicher Zeit» allen Produktionsprozessen gemeinsam, die bereits unter das Kapitalverhältnis subsummiert sind (Qualifikationen des Verwertungsprozesses). Die Forderung nach intensiver oder historisch intensiverer Arbeit tritt daher allen Arbeitskräften gegenüber, die gezwungen sind, ihre Arbeitskraft an das Kapital zu verkaufen. Welche Ausmaße diese Intensivierungsprozesse angenommen haben, zeigen die Untersuchungen von Mandel. Ihm zufolge hat sich die Zahl der Arbeitstage seit der Entstehung des Kapitalismus pro Jahr verdoppelt bis verdreifacht. Sie stieg von 100 bzw. 150 auf über 300 pro Jahr an.[22]

2.3 Volksschule

Es ist klar, daß die veränderten Arbeitsbedingungen auf den Widerstand der Lohnarbeiter stoßen. Der Bruch, der sich mit der Ausbreitung des produktiven Kapitals vollzieht, zwingt die durch die ursprüngliche Akkumulation enteignete neue Klasse der Besitzlosen zu völliger Umorientierung. Sie müssen neue soziale Reaktionsweisen im Verhalten zur neuen gesellschaftlichen Form ihres Daseins, dem Kapitalismus, erlernen: «Es kostete Jahrhunderte, bis der ‹freie› Arbeiter infolge kapitalistischer Produktionsweise sich freiwillig dazu versteht, das heißt gesellschaftlich gezwungen ist, für den Preis seiner gewohnheitsmäßigen Lebensmittel seine *ganze aktive Lebenszeit*, ja seine Arbeitstätigkeit selbst für ein Gericht Linsen zu verkaufen.»[23]

Das zentrale Problem war die Anpassung der Arbeiter an die neuen

Bedingungen ihrer Arbeit, der Kampf der entstehenden Arbeiterklasse gegen das entstehende Kapital. Die tradierte – bäuerliche – Familie konnte die «Sozialisation» für die neuen Bedingungen der Produktion nicht leisten, schon deshalb nicht, weil der industrielle Produktionsprozeß durch die Frauen- und Kinderarbeit die überkommene Familienstruktur zerstörte.

Es ging darum, wie der Zeitgenosse Lachmann schrieb, die «Tugend edler Betriebsamkeit»[24] zu erwecken, denn, so ein anderer Zeitgenosse, die «Lust zur Arbeit macht emsigere Arbeiter als Zwangsmittel»[25]. Solange die feudale Produktionsweise noch intakt war, vollzog sich die Erziehung organisch, im Schoße der bäuerlichen Familie. Jetzt wurde es zum Interesse des Kapitals, «daß die Kinder auf dem platten Lande, sobald sie zu einer Beschäftigung fähig sind, zur Arbeit gewöhnt, dadurch vom Müßiggang abgehalten werden und auf solche Weise nach und nach eine allgemeine Arbeitsamkeit unter die Untertanen des platten Landes eingeführt werden kann», wie es in einem Erlaß Friedrich II. heißt.[26] Die neue Lohnarbeiterschaft mußte daran gewöhnt werden, «immer aber Beharrlichkeit und Stetigkeit, selbst bei einförmigen, geistlosen Geschäften» zu bewahren und die lange Dauer der Arbeit bei «mäßigen Genüssen» zu ertragen.[27]

«Jede Herrschaft einer zahlenmäßig kleinen Oberklasse ist auf die Dauer nur möglich, wenn nicht jeder Akt des Gehorchens tatsächlich erzwungen wird, sondern die Leistungen der Unterklasse aus einer leistungswilligen Gesinnung, aus einer Bereitwilligkeit zum Tun nach dem Willen der Herrschenden erwachsen, hinter der nur im Bedarfsfalle die direkte Gewalt steht. Neben die Gewalt tritt die Ideologie. So ergab sich die Notwendigkeit, durch erzieherische Beeinflussung den Anforderungen der veränderten Produktionsweise Geltung zu verschaffen, die ihr adäquaten Verhaltensweisen als die schlechthin gegebenen im Denken und Tun zu verankern.»[28]

Noch 1850, sechzig Jahre später, klagt Alfred Krupp: Von 280 Belegschaftsmitgliedern, die Anfang 1850 bei Krupp beschäftigt wurden, waren mehr als 200 erst während des vorangegangenen dreiviertel Jahres eingetreten. Von diesen 70 Prozent schied der größte Teil nach kurzer Zeit wieder aus. Nur ein kleiner Kern der neu hinzugekommenen erwies sich als leistungsfähig.[29]

1791 faßt Wagemann, ein wichtiger Schultheoretiker dieser Zeit, das Problem der Qualifikation für den Verwertungsprozeß wie folgt zusammen: «Die Industrie eines gewissen Standes wäre daher: die Verwendung der Zeit und Kräfte der einzelnen Mitglieder desselben zu den besten *Zwecken des Standes* nach dem Gesetz der Sparsamkeit. Es würde aber nach meiner Definition die Industrie, *deren Zwecke bestimmt sind*, sich auf die zwei Hauptteile zurückbringen lassen:

1. Kraft-Ökonomie und
2. Zeitökonomie.»[30]

Dabei heißt «Industrie im allgemeinen Sinne [die] Verwendung der Zeit und Kräfte zu den besten Zwecken nach dem Gesetz der Sparsamkeit»[31]. Sextro, ein anderer Schultheoretiker, gibt eine formalere Definition, mit der er nichts anderes beschreibt als die *Intensivierung* der Arbeitsleistung: «Industrie verrichtet das nämliche Werk von gleicher Güte durch schnellere Kraftanwendung in ungleich kürzerer Zeit.»[32] Pflicht des industriösen Menschen ist es, «mit rastloser Tätigkeit und Ordnungsgeist eine genügende Sorgfalt, Anstelligkeit und Akkuratesse zu verbinden»[33]. Er muß zur «geschickten und fröhlichen Erfüllung [seiner] Berufspflichten erzogen werden»[34]. Industriosität bedeutete aber zugleich die «Umstellung und Hinwendung zu neuem, Nichtraditionellem, bedeutet die Bereitwilligkeit, die bisher nur landwirtschaftliche Tätigkeit zu erweitern und Lohnarbeiter zu werden. Trotz Hunger und Elend hielten die Handwerker und Bauern an der überkommenen Arbeit fest. Widerwillen gegen eine ungewohnte Lebensführung, Abneigung gegen die Verschlechterung ihrer Situation, die diese meist mit sich brachte, Unkenntnis der von ihnen verlangten Tätigkeiten und Unfähigkeit, diese auszuführen, waren die Ursachen dafür.»[35]

Die Anpassung des freien Arbeiters an die neuen Bedingungen der Arbeit stellt sich als ein gesellschaftliches Problem dar, das qua sozialer Struktur der überkommenen Gesellschaft nicht zu lösen ist: Es erfordert die Einführung neuer gesellschaftlicher Formen der Organisation des Sozialisationsprozesses: «Will man eine Nation umformen, will man verständige, kluge, gewandte, emsige und wackere Menschen bilden, so gebe man die Alten auf und schränke seinen Fleiß auf denjenigen Stoff ein, der noch bearbeitet werden kann, weil er noch nicht abgehärtet ist. *In den Schulen* oder nirgends kann eine Nation zur Industrie wie zu jeder anderen moralischen oder politischen Tugend gebildet werden.»[36]

Die Dequalifizierung der produktiven Fähigkeiten des Handwerkers wie die soziale Degradierung des Bauern, der durch die ursprüngliche Akkumulation von seinem Land vertrieben worden ist, mußte kompensiert werden: «In dem Maße, wie sich die Manufakturen vervollkommnen, werden die Arbeitsvorgänge in ihnen immer mehr unterteilt, wobei sie unaufhörlich dahin treiben, jedem einzelnen nur eine rein mechanische und auf eine kleine Zahl von Bewegungen beschränkte Arbeit zuzuweisen, die er besser und schneller ausführt, aber eben dadurch, daß er diese seine Hantierungen rein gewohnheitsmäßig nur verrichtet und dabei jede Tätigkeit seines Geistes fast ganz zum Erliegen kommt. So wäre die Vervollkommnung der mechanischen Künste für einen Teil der Menschheit eine Ursache des Stumpfsinns [... Sie] würde in jeder Nation eine Menschenklasse entstehen lassen, die unfähig wäre, sich über die gröbsten Interessen zu erheben. Sie würde eine gedemütigte Ungleichheit mit sich bringen und einen Keim *gefährlicher Unruhen*, wenn sich nicht ein umfassender Unterricht der Individuen gerade dieser Klasse böte gegen die unausbleibliche Wirkung der Einförmigkeit ihrer täglichen Beschäftigungen. Der Vorteil, den man den Städten durch die Sekundarschulen zu gewähren scheint, ist also nur ein neues Mittel, die Gleichheit vollkommen zu gestalten.»[37]

Die Schule kann jedoch nur dann die sozialen Konflikte kompensieren, wenn die durch sie vermittelte Bildung nicht selbst (z. B. im Sinne der Aufklärung) zum treibenden Moment des Widerspruchs zwischen Sozialstruktur und Arbeitsformen wird. Zwar soll jetzt gelten, «daß für die geringe und arme Menschenklasse durch kein Mittel besser gesorgt werden könne, als wenn man ihre Kinder so unterrichtet, daß sie ihr Menschenwerk und ihre Pflicht kennen und in manchen Arbeiten geübt werden»[38], aber mit Basedow, in den «große[n] Schulen für den gemeinen Haufen»[39]. Der preußische Minister Massow: «Ich gebe zu, daß der gemeine Mann mehr lernen und wissen, sich mehr ausbilden kann und muß, als bis jetzt geschehen ist; ich behaupte aber, daß das Ultimatum dieser erhöhten Kultur doch immer auf einer geringeren Stufe stehen muß, als diejenige sein kann, auf der die gebildeten Stände bei gleichmäßigem Fortschreiten zum Besser- und Klügerwerden hinaufrücken. Wollte man also Kinder im Staat nach einerlei Plan in den Elementarschulen erziehen und unterrichten, so würden die Kinder des gemeinen Mannes daselbst mit unnützen, oft ihnen schädlichen Kenntnissen, die sich nur für die höheren Klassen schicken, zum größten Nachteil ihrer praktischen Tätigkeit ihre Zeit verderben.»[40] Es komme «nicht sowohl darauf an, denken und räsonnieren zu können, sondern viel und gerne zu tun, und zwar das gern zu tun, wozu diese Menschenklasse geschaffen ist»[41].

Zum adäquaten gesellschaftlichen Ausdruck des Widerspruchs zwischen überkommener Sozialstruktur des Feudalismus und den neuen kapitalistischen Arbeitsformen wird die Volksschule, die die soziale Anpassung möglich macht, indem sie das historische Neue in Tradition uminterpretiert. Mit den Inhalten, an denen die neuen Qualitäten der Arbeit als Qualifikationen trainiert werden, beginnt daher das *roll back* der Restauration. Die Entmenschlichung der Arbeit findet ihr Komplement in der Bergpredigt. Die Lehrpläne des beginnenden 19. Jahrhunderts könnten das verdeutlichen, sofern man von Lehrplänen überhaupt sprechen kann. Der Religionsunterricht macht den Hauptteil des Unterrichts aus: Lesen und Schreiben werden praktisch ausschließlich an Hand von Bibeltexten vermittelt. «Soll also eine wirklich wohltätige und gemeinnützige Verbesserung, die jenen Mängeln und üblen Folgen der unvollkommnen und nachteiligen Einrichtung entgegenwirken kann, veranstaltet werden, so müssen in diesen Volksschulen nebst dem Unterricht auch auf die Bildung der Kinder für das Leben und ihre künftige Bestimmung Rücksicht genommen werden; so müssen religiöse Gesinnungen, Arbeitsamkeit und Fleiß nicht nur gelehrt, sondern die Kinder auch dazu angeführt werden, solche Gesinnung, Arbeitsamkeit und Fleiß auf der Stelle zu beweisen; so darf endlich, soviel möglich, hier keine Minute in untätiger Muße oder zweckloser Zeitanwendung verstreichen [...] Aus dieser Verbindung würde mit der Zeit eine religiöse Industrieschule für die wachsende Menschheit an jedem Orte entstehen: der wahre Grund zur echten Verbesserung.»[42]

Die Problematik, die in der Transformation feudaler Ideologie in bürgerliche Verhältnisse lag, und die Widersprüchlichkeit, die in ihr angelegt war, ist der herrschenden Klasse sofort bewußt gewesen. Sie kompensierte sie, um ihr jede Artikulationsmöglichkeit zu nehmen, durch eine miserable materielle Ausrüstung der Schule und der Lehrer.

Die Volksschule als Qualifikationsinstrument hatte also von vornherein Funktionen, die nicht nur der Reproduktion der Bourgeoisherrschaft im politischen Sinne, sondern zugleich der Produktion ihres Reichtums im ökonomischen Sinne diente, in der Vermittlung von Qualifikationen für den kapitalistischen Produktionsprozeß und besonders der Kompensation der spezifischen Friktionen, die sich aus dem Umschlag von formeller in reelle Subsumtion der Arbeit oder das Kapital ergaben.

2.4 Produktive Qualifikationen und Intensitätsqualifikationen

Es ist wichtig, den Unterschied zwischen dem analytischen Begriff der *Qualifikationen für den Verwertungsprozeß* und den konkreten Formen, in denen sich diese als Qualität der Arbeit darstellen, festzuhalten. Real drücken sich diese Qualifikationen hauptsächlich in der gesteigerten *Intensität der Arbeit* aus. Aber: die Formen, in denen sich das Kapitalverhältnis, als Gesetz der Produktion, der Qualität der Arbeit gegenüber geltend macht – nur das kann Qualifikation des Verwertungsprozesses heißen –, gehen nicht vollständig in den Intensifikationsformen der Arbeit auf; nur muß die Intensifikation der Arbeit ihre wesentliche Konsequenz bleiben, solange die Arbeit noch nicht industriellen Charakter angenommen hat, solange daher die Phase der formellen Subsumtion noch nicht abgeschlossen ist. «Kontinuität, Gleichförmigkeit, Regelmäßigkeit, Ordnung und namentlich auch Intensität der Arbeit» sind die Gesetze der Arbeit in der Manufakturperiode.[43]

Zur Klärung der These, daß die Intensitätsqualifikationen das entscheidende Merkmal der Qualität der Arbeit zumindest in der Manufakturperiode darstellen, wird es notwendig, den Intensitätsbegriff abzugrenzen vom Begriff der Produktivkraft der Arbeit. Das Problem der Unterscheidung von Qualifikationsinhalten wird es ja sein, inwiefern die von uns vom Doppelcharakter des Produktionsprozesses abgeleitete analytische Unterscheidung von Arbeitsprozeß und Verwertungsprozeß sich in der Qualität der Arbeit ausdrücken wird, der Doppelcharakter des Produktionsprozesses uns also berechtigt, eine Doppelbödigkeit der Qualifikationsleistung zu unterstellen. Nur dann, wenn die analytische Differenzierung sich real in der Qualität der Arbeit wiederfindet, wenn also die Intensitätsqualifikationen abgrenzbar sind gegen Qualifikationsinhalte, die eindeutig *nicht* aus dem Verwertungscharakter des Produktionsprozesses folgen, hat unsere Anstrengung des Begriffs einen Sinn gehabt.

Sowohl die Produktivität als auch die Intensität der Arbeit sind Ausdrücke der *Mehrwertschöpfung*. Die produktivere Arbeit vergegenständlicht sich – bei insgesamt gleicher Arbeitsleistung – in wachsenden Gebrauchswertmassen. Gehen diese in die Reproduktion der Arbeitskräfte mit ein, so fällt der Wert dieser Arbeitskräfte als Waren: Das Verhältnis von notwendiger Arbeit und Mehrarbeit verschiebt sich zugunsten der letzteren, die Mehrwertrate steigt. Das ist die Produktion des relativen Mehrwerts.

Die Produktion des absoluten Mehrwerts unterscheidet sich von der des relativen zunächst dadurch, daß die intensivere Arbeit eine Steigerung der Arbeitsleistung bedeutet. Bei konstanten Reproduktionkosten wird entweder der Arbeitstag verlängert oder die «Poren des Arbeitstages» werden verdichtet, es wird mehr Arbeit in gleicher Zeit verausgabt. Beide Formen hängen eng miteinander zusammen: «Je mehr die Produktivkraft der Arbeit wächst, um so mehr kann der Arbeitstag verkürzt werden, und je mehr der Arbeitstag verkürzt wird, desto mehr kann die Intensität der Arbeit wachsen.»[44]

Dieser Zusammenhang stellt sich im Maschinensystem wieder anders dar als unter den Bedingungen vorindustrieller Produktionsweise.

Historisch, vor der Einführung der Maschinerie in den Produktionsprozeß, sind veränderte Organisationstypen des Arbeitsprozesses – und nur über sie kann sich wachsende Produktivkraft der Arbeit herstellen – primär an den subjektiven Arbeitskörper gebunden, sie müssen daher von der Reorganisation des subjektiven Faktors Arbeit selbst ausgehen, die Veränderung des Arbeitsmittels bleibt sekundär. «Da das Handwerksgeschick die Grundlage der Manufaktur bleibt und der in ihr funktionierende Gesamtmechanismus kein von den Arbeitern selbst unabhängiges objektives Skelett besitzt, ringt das Kapital ständig mit der Insubordination der

Arbeiter.»[45]

Intensivierungsprozesse und Produktivitätssteigerungsprozesse fallen daher in der Manufaktur in eins im Gegensatz zur großen Industrie. Dort geht die Produktivitätssteigerung in der Regel von der Veränderung oder Einführung neuer Maschinen aus, das heißt vom Funktionswandel des Arbeitsmittels. In der Manufaktur dagegen ist die Produktivitätssteigerung wie auch die Steigerung der Intensität der Arbeit an Kooperation und Arbeitsteilung gebunden.

Für die Manufaktur ist darum die *Verengung* des Funktionstyps der Arbeit charakteristisch, für die große Industrie die *Veränderung*. In der großen Industrie zeichnet sich die Intensitätssteigerung durch die Konstanz des Funktionsverhältnisses aus. Der Funktionstyp bleibt unverändert – zum Beispiel bei der Fließbandarbeit – während die Bandgeschwindigkeit heraufgesetzt wird: Jetzt wird die Arbeit intensiver. In der Manufaktur ist das anders. Dort, wo «die Isolierung der Sonderprozesse ein durch Teilung der Arbeit selbst gegebenes Prinzip»[46] ist, läßt sich die Produktivitätssteigerung durch Arbeitsteilung häufig dann erst realisieren, wenn feststeht, daß der Teilarbeiter durch die weitere Verengung seines Arbeitsfeldes zu wachsendem Tempo (vermittelt durch Erfahrung und Übung) in der Ausführung seiner simplifizierten Arbeit befähigt wird. Hier schlägt Produktivitätssteigerung unmittelbar in Arbeitsintensität um: «Die Poren des Arbeitstages verdichten sich, sobald er [der Arbeiter; M. M.] den ganzen Tag ein und dieselbe Operation kontinuierlich verrichtet, oder sie verschwinden in dem Maße, wie der Wechsel seiner Operationen abnimmt [...] die gesteigerte Produktivkraft [wird] hier entweder der zunehmenden Ausgabe von Arbeitskraft in einem gegebenen Zeitraum geschuldet, also wachsender Intensität der Arbeit, oder einer Abnahme des unproduktiven Verzehrs von Arbeitskraft.»[47] «Es ist klar, daß diese unmittelbare Abhängigkeit der Arbeiten und daher der Arbeiter voneinander jeden einzelnen zwingt, nur die notwendige Zeit zu seiner Funktion zu verwenden, und so eine ganz andere Kontinuität, Gleichförmigkeit, Regelmäßigkeit und namentlich auch Intensität der Arbeit erzeugt wird.»[48]

Die erste besondere Qualität der Arbeit, die sich aus dem Übergang der formellen in die reelle Subsumtion der Arbeit unters Kapital ergibt, ist somit wesentlich als Intensivierung der Arbeit zu fassen. *Intensitätsqualifikationen* sind darum die historisch erste Anforderung, mit der sich das von den Produktionsmitteln losgelöste Arbeitsvermögen konfrontiert sieht. Sie sind darum auch die historisch erste Anforderung an das Ausbildungssystem.

Bisher sind nur Qualifikationen des Verwertungsprozesses als selbständige, *besondere* Qualitäten des Arbeitsvermögens erschienen, und daher als vom Produktionsprozeß ablösbare Qualifikationen. Qualifikationen des Arbeitsprozesses können, so haben wir gesehen, als wesentlich habituelle Leistungen des Teilarbeiters selbst, lediglich virtuell als Qualifikationen erscheinen.

Bis jetzt wurde die Übergangsphase von der formellen zur reellen Subsumtion der Arbeit unter das Kapital untersucht. Sie findet ihren Abschluß mit dem voll entfalteten industriellen Produktionsprozeß.

Dann hat das Kapital die seinem Prozeßcharakter adäquate Organisation des Arbeitsprozesses erzwungen. Das Kapital der Manufaktur stößt, wenn es den Produktionsprozeß seiner Verwertungslogik entsprechend organisiert, an die organischen Schranken der lebendigen Arbeit, die die Steigerung der relativen Mehrwertproduktion behindern. Ein Arbeiter hat z. B. nur zwei Hände. Er wird nur zwei Werkzeuge gleichzeitig bedienen können. Soll sich der Prozeß der Entfaltung des Kapitalverhältnisses fortsetzen, dann müssen die organischen Potenzen der Arbeiter durch technische Potenzen ersetzt werden.

Jede Veränderung des Arbeitsprozesses geht jetzt vom Produktionsmittel selbst aus. «Die Umwälzung der Produktionsweise nimmt in der Manufaktur die Arbeitskraft zum Ausgangspunkt, in der großen Industrie das Arbeitsmittel.»[49] Das Werkzeug als Maschine ist nun seiner Funktionsbeziehung nach nicht mehr auf den Arbeiter vermittelt, sondern umgekehrt die lebendige Arbeit auf die Funktionslogik der Maschinerie. Ein etwas längeres Zitat aus den ‹*Grundrissen*› soll den Zusammenhang verdeutlichen: «In der Maschine und noch mehr in der Maschinerie als einem automatischen System ist das Arbeitsmittel verwandelt seinem Gebrauchswert nach, das heißt seinem stofflichen Dasein nach in eine dem capital fixe und dem Kapital überhaupt adäquate Existenz und die Form, in der es als unmittelbares Arbeitsmittel in den Produktionsprozeß des Kapitals aufgenommen wurde, in eine durch das Kapital selbst gesetzte und ihm entsprechende Form aufgehoben. Die Maschine selbst erscheint in keiner Beziehung als Arbeitsmittel des einzelnen Arbeiters. Ihre differentia specifica ist keineswegs, wie beim Arbeitsmittel, die Tätigkeit des Arbeiters auf das Objekt zu vermitteln, sondern diese Tätigkeit ist vielmehr so gesetzt, daß sie nur noch die Arbeit der Maschine, ihre Aktion auf das Rohmaterial vermittelt – überwacht und sie vor Störungen bewahrt. Nicht wie beim Instrument, das der Arbeiter als Organ mit seinem eignen Geschick und Tätigkeit beseelt, und dessen Handhabung daher von seiner Virtuosität abhängt. Sondern die Maschine, die für den Arbeiter Geschick und Kraft besitzt, ist selbst der Virtuose, der eine eigne Seele besitzt in den in ihr wirkenden mechanischen Gesetzen und zu ihrer beständigen Selbstbewegung. [...] Die Tätigkeit des Arbeiters, auf eine bloße Abstraktion der Tätigkeit beschränkt, ist nach allen Seiten hin bestimmt und geregelt durch die Bewegung der Maschinerie, nicht umgekehrt.»[50]

Die Einführung der Maschinerie verändert also die Qualität der Arbeit erneut: «Mit dem Arbeitswerkzeug geht auch die Virtuosität in seiner Führung auf die Maschine über. Die Leistungsfähigkeit des Werkzeugs ist emanzipiert von den persönlichen Schranken menschlicher Arbeitskraft. Damit ist die technische Grundlage aufgehoben, worauf die Teilung der Arbeit in der Manufaktur beruht. An die Stelle der sie charakterisierenden Hierarchie der spezialisierten Arbeiter tritt daher in der automatischen Fabrik die Tendenz der Gleichmacherei oder Nivellierung der Arbeiten, welche die Gehilfen der Maschinerie zu verrichten haben.»[51] Nun geht die Veränderung des Produktionsprozesses vom Arbeitsmittel selbst aus. Die Steigerung der Produktivkraft der Arbeit ist jetzt gebunden an die Veränderung des Funktionstyps, den die Maschinerie, der «objektive Arbeitskörper» oder das «objektive Gerippe» des Arbeitsprozesses beschreibt. Die Produktivkraft der Arbeit wächst dann, wenn Maschinen verbesserter Konstruktion eingesetzt werden.

Die Veränderung des Arbeitstyps ist nun nicht mehr das primäre, primär ist das Prozeßniveau, das die technische Anlage erreicht. Hier ist die Basis für jene scheinhafte Identifizierung von Produktivkraft der Arbeit und «Technologie» oder «technischer Fortschritt» gegeben, die in der Nationalökonomie zur Reduktion des Begriffs der Produktivkraft der Arbeit auf den nur noch quantifizierenden Begriff der Arbeitsproduktivität führt, mit dem sie sich später in der Bildungsplanung (s. Abschnitt 3.2) selbst ein Bein stellt.

In der großen Industrie werden Produktivkraft der Arbeit und Intensität der Arbeit klar unterscheidbar. Veränderte Produktivkräfte setzen jetzt – da sie sich wesentlich in der Veränderung des «objektiven Arbeitskörpers» ausdrücken müssen – im Prinzip eine Veränderung des technischen Charakters des Prozesses voraus, zum Beispiel die Einführung einer neuen, «besseren» Maschine.

Produktive Qualifikationen beziehen sich auf die qualitative Dimension des Funktionsverhältnisses. Sie sind durch die Struktur der Maschinerie und des zu bearbeitenden Fabrikats stofflich definierbar, wie zum Beispiel die Materialkenntnis eines Feinmechanikers, die Präzision eines Optikers oder die Fähigkeit zur habituellen Wiederholung motorischer Handlungen eines Fließbandarbeiters. Sie verändern ihren Inhalt, wenn der Funktionstyp des Arbeitsprozesses wechselt, das heißt umgestaltet wird.

Die *Intensivitätsqualifikationen* dagegen beziehen sich auf die quantitative Dimension des Funktionsverhältnisses. Sie drücken sich im Tempo des Prozesses sowie durch seine Reichweite aus. Intensivere Arbeit heißt hier, daß der Arbeiter den gleichen Arbeitsablauf, die gleiche Tätigkeit schneller ausführt als vorher – oder daß er eine wachsende Anzahl von verschiedenen Funktionen gleichzeitig ausführen muß, etwa dann, wenn er zusätzlich zu zwei Maschinen, die er bereits bedient, die Bedienung einer dritten Maschine übernehmen muß. In der industriellen Praxis erscheinen beide Formen oft aneinander gekoppelt.

Mit der Einführung einer neuen, produktiveren Maschine wird zugleich das Arbeitstempo erhöht. Oft genug ist das die geheime Rationalität der Einführung neuer Verfahren (vgl. das Beispiel der Fließbandarbeit der Arbeiter bei General Motors im dritten Abschnitt). In der industriellen Praxis sind beide Formen oft miteinander gekoppelt und häufig auch schwer voneinander unterscheidbar. Das gilt zum Beispiel dann, wenn eine neue Maschine eingeführt wird, die veränderte Funktionscharakteristika aufweist, so daß der Vergleich des nun geforderten Arbeitstempos mit dem der alten Maschine sehr schwerfällt. Das legitimiert aber noch nicht die Zusammenfassung produktiver und intensiver Formen der Arbeit in einem einzigen Begriff, wie sie – umgangssprachlich – vorherrscht, wenn unter Produktivitätssteigerung jeder Vorgang verstanden wird, der bei konstanter Arbeitsstundenzahl einen wachsenden Produktausstoß hervorbringt. Wird das Tempo eines Fließbandes gesteigert, dann wird die Arbeit nicht produktiver, sondern lediglich intensiver.

Gerade dann, wenn man die These nicht akzeptiert, daß Maschinen an sich böse sind, daß der Mensch durch sie per se und a priori überfordert sei, gerade dann müßte man zwischen den produktiven Qualitäten und ihren intensiven Qualitäten deutlich unterscheiden.

Die Virtuosität der Arbeit, vergleicht man sie mit der handwerklichen Arbeit, wie auch die Beherrschung des Prozesses, geht auf die Maschine über, insbesondere auf ihren zentralen Teil, die Werkzeugmaschine, denn sie ist der «Mechanismus, der nach Mitteilung der entsprechenden Bewegung mit seinen Werkzeugen dieselben Operationen verrichtet, welche früher der Arbeiter mit ähnlichen Werkzeugen verrichtete»[52].

Statt Spezialisierung ist jetzt «Disponibilität für wechselnde Arbeitserfordernisse» das Gesetz der Arbeit. Die produktiven Dimensionen der Arbeit erfahren – im Vergleich zum Handwerk – ihre *Dequalifizierung*.

Das kunstvoll betriebene Gewerbe eines Kutschermachers ist heute, wenn wir den vergleichbaren Gebrauchswert eines Personenkraftfahrzeuges nehmen, in unendlich viele Teiloperationen aufgesplittert, jeder Arbeiter hat nur noch eine Operation auszuführen, der eine montiert den Außenspiegel, der zweite die Reifen, der dritte die Türgriffe usw.

Die Entwertung der produktiven Qualitäten der Arbeiter gilt jedoch nur für den einzelnen Arbeiter und nicht für den Mechanismus insgesamt. Der kann nun, in der großen Industrie, «an und für sich betrachtet [werden], in seine konstituierenden Phasen analysiert, und das Problem, jeden Teilprozeß auszuführen und die verschiedenen Teilprozesse zu verbinden,

Objekteigenschaften im wesentlichen oder überwiegend durch menschliche Arbeit bewirkt wird, schlägt sich die wachsende Determiniertheit des Produktionsablaufs unmittelbar in wachsender Determiniertheit menschlichen Arbeitshandelns nieder. Entsprechend reduzieren sich Zahl und Qualität der für das Arbeitshandeln notwendigen Informationen, die im Grenzfall nunmehr als eindeutiger Reiz wirken, der vorbestimmte, eindeutige Reaktionen auszulösen hat.»[57]

Die Dequalifizierung des produktiven Qualifikationsniveaus und die Qualifizierung des intensiven Qualifikationsniveaus bedingen sich gegenseitig und sind ineinander verschränkt. Wie hoch das Niveau der Qualifikation dieser Arbeit und wie niedrig es zugleich ist, zeigt eine kurze Arbeitsplatzbeschreibung eines Maschinenschlossers: «Meine Muskulatur, vorher noch verkrampft, gleicht sich allmählich dem eintönigen, jedoch immer gehetzten Rhythmus an [...] Der Angleichungsprozeß mit der surrenden Bohrmaschine hat begonnen. Die Hetze steigert noch das Gefühl für die Verschmelzung mit dem Anorgan – dem zu bedienenden Hebel. Mein Arm beginnt scheinbar anorganisch zu werden, und zwar besonders wegen dem sich stets gleichmäßig wiederholenden Vorgang.»[58]

Die enorme Produktivitätssteigerung, die mit der Einführung von Maschinen ziemlich abrupt erreicht wird, macht objektiv eine Verkürzung des Arbeitstags möglich. Die extensive Größe der Arbeit schlägt in intensive Größe um. « [...] sobald die gewaltsame Verkürzung des Arbeitstags mit dem ungeheuren Anstoß, den sie der Entwicklung der Produktivkraft und der Ökonomisierung der Produktionsbedingungen gibt, [erzwingt sie] zugleich vergrößerte Arbeitsausgabe in derselben Zeit, erhöhte Anpassung der Arbeitskraft, dichtere Ausfüllung der Poren der Arbeitszeit, das heißt Kondensation der Arbeit dem Arbeiter zu einem Grad aufzwingt, der nur innerhalb des verkürzten Arbeitstags erreichbar ist.»[59]

Die Mittel, mit denen eine weitere Intensitätssteigerung der Arbeit erreicht werden kann, sind eleganter geworden. Die Peitsche des Sklavenaufsehers, die Despotie, die der «Unteroffizier des Fabriksystems» ausüben mußte, sind überflüssig. Indem «sich in der Maschine die Bewegung und Werktätigkeit des Arbeitsmittels – verselbständigt»[60], reicht die erhöhte Geschwindigkeit der Maschinen aus, «die widerstrebende, aber elastische Naturschranke auf den Minimalwiderstand einzuzwängen»[61]. Der «Minimalwiderstand» selbst wird also die historische Aufgabe, vor der die gesellschaftlich organisierte Ausbildung steht, wenn es um die Qualifikation des industriellen Arbeiters geht.

Während die Intensität der Arbeit weiter gesteigert wird, entwickelt sich die industrielle Arbeitsteilung, wenn das Kapital in immer «neue Sphären» seiner Reproduktion strömt. Neben der Dequalifizierung der industriellen Arbeit im Vergleich zum Handwerk entstehen immer neue – wenn auch reduzierte – Qualifikationsanforderungen auf der produktiven Seite.

Die Verselbständigung des Produktionsprozesses gegenüber dem Arbeitsvermögen ist mit der reellen Subsumtion auch materiell, in Gestalt von Maschine und Maschinerie, vollzogen.

Die Chance einer vom Ausbildungssystem unabhängigen Herausbildung des Arbeitsvermögens ist nun auch für die produktiven Qualifikationen gegeben, allerdings mit Einschränkungen. Zunehmende Arbeitsteilung, wachsende Spezialisierung auf ganz singuläre Teilprozesse der Arbeit würde eine Zunahme der Ausbildungsgänge erfordern. Diesen kann das Ausbildungssystem nur beschränkt entsprechen. Das Problem wird in Abschnitt drei wiederaufgenommen.

An erster Stelle werden für die Arbeitsvollzüge des unmittelbaren Produktionsprozesses *Intensivitätsqualifikationen* gefordert, erst an zweiter Stelle – und mit Einschränkungen – werden produktive Qualifikationen als Leistung des Ausbildungssystems verlangt. Das muß auf Struktur und Charakter des Systems wie seiner Ausbildungsinhalte entscheidenen Einfluß haben.

2.5 Die Verwendung des Qualifikationsbegriffs

Auf der Basis des Doppelcharakters des kapitalistischen Produktionsprozesses haben wir analytisch zwischen Qualifikationen des Arbeitsprozesses und Qualifikationen des Verwertungsprozesses unterschieden. Auf die Qualität der Arbeit selbst angewandt, haben wir drei verschiedene Qualifikationsebenen zusammengesetzt: produktive, intensive und innovative Qualifikationsebene.

Diese Begriffe fügen sich nicht selbstverständlich in den normalen Gebrauch ein, der vom Qualifikationsbegriff gemacht wird. Er fügt sich auch nicht selbstverständlich in die Überlegungen ein, die in der Industriesoziologie sowie der Bildungsökonomie selbst zu diesem Begriff angestellt werden. Es wird daher notwendig, unsere vorläufigen Resultate mit den entsprechenden Ansätzen kurz zu konfrontieren.

1. Es ist nicht selbstverständlich, den Qualifikationsbegriff überhaupt zu problematisieren. Das zeigt die Laxheit, mit der von Qualifikations*niveau* gesprochen wird, das zeigen auch die Ausdrücke «qualifizierte Arbeit» oder «unqualifizierte Arbeit». Der erste Ausdruck unterstellt im Gegensatz zum zweiten, daß die auszuübende Arbeit bestimmte Qualitäten hat, auf die der Arbeiter, der sie ausführt, vorbereitet sein muß. Der zweite Ausdruck unterstellt dagegen, daß ein Individuum, welches diese

Arbeit ausführt, auf sie nicht vorbereitet zu werden braucht. Sofern es sich dabei um formelle, berufsspezifische Ausbildungsgänge dreht, ist die Sache klar. Die Arbeit eines Programmierers ist deswegen «qualifiziert», weil sie einer spezifischen Vorbereitung bedarf, eben der Ausbildung in Programmierkursen. Die Arbeit eines Gepäckträgers bedarf keiner spezifischen Berufsvorbereitung, insofern erscheint sie «unqualifiziert», der Gepäckträger ist «nicht qualifiziert», die Arbeit eines Programmierers zu übernehmen. Aber, ist der Programmierer qualifiziert, die Arbeit des Gepäckträgers zu übernehmen? Oder: ist der Programmierer überhaupt qualifiziert? Woran mißt sich das Niveau der Qualifikationen? Vielleicht an der Ausbildungszeit. Sie ist einfach zu messen, der komparative Ausdruck «qualifiziertere Arbeit» scheint seine Berechtigung zu behalten.

Vergleichen wir aber zwei Programmierer, von denen der eine Abteilungsleiter geworden ist, weil er für den Posten des Abteilungsleiters «qualifiziert», während der andere «nicht so qualifiziert» erschien.

Es ist alles gerecht zugegangen. Man hat *objektiv* entschieden, statt die Nasenlänge der beiden Bewerber zum Maßstab zu machen. Aber die Länge der Nase wäre immerhin noch zu messen. Woran hat sich denn in diesem Fall die Entscheidung objektiviert? Eindeutig nicht an der Dimension, die wir im Falle des Vergleichs zwischen Gepäckträger und Programmierer benutzen konnten. Die Ausbildungsdauer kann die gleiche sein. Auch die Berufserfahrung kann die gleiche sein, selbst die Nasenlänge. Es gibt überhaupt keine Dimension, auf der sich die beiden Bewerber klar, objektiv, quantifizierbar, wie es der komparative Begriff «qualifizierter» unterstellt, hätten voneinander unterscheiden lassen. Insofern unterstellt der Begriff eine Objektivität, die er nicht hat, unterstellt er eine Gerechtigkeit, die in diesem Fall gar nicht zu realisieren ist. Er *funktioniert* aber, sogar mit wachsendem Erfolg, seitdem in zunehmendem Maße Berufspositionen im öffentlichen Dienst, die bisher intern vergeben wurden, *öffentlich* ausgeschrieben werden und jedermann glauben darf, daß die Ämterpatronage endlich abgeschafft ist.

Er muß funktionieren, seitdem eine antiautoritäre Bewegung Europa überfällt und patriarchalische Entscheidungen irgendwelcher Vorgesetzten nicht mehr unwidersprochen hingenommen werden, seitdem überhaupt das Autoritätsprinzip, mit dem die herrschende Gesellschaftsverfassung lange Zeit problemlos operieren konnte, ins Wanken geraten ist.

Die Forderung, die Entscheidung über einen Bewerber nach sachlichen Qualifikationen zu fällen, ist vielleicht nicht für alle Berufspositionen in gleichem Maße dringlich. Besonders viel Mühe wird bei Bewerbern für «Führungspositionen» aufgewandt. Deren Inhaber müssen besonders qualifiziert sein, über die Qualifikationen ihrer «Mitarbeiter» zu befinden und die entsprechenden Entscheidungen darüber zu fällen. So führt einer der führenden Personalberater für Führungskräfte der «Wirtschaft», Maximilian Schubart, unter anderem folgendes aus: «Egal welches Studium, aber möglichst mit Doktor, sonst ist es ziemlich sinnlos, überhaupt zu studieren. [. . .] Im allgemeinen ist der *Vorstand* zwischen 40 und 50, trägt während der Arbeit indifferente Manageruniform, ist aber in seiner Freizeit leger gekleidet. Seinen Urlaub verbringt er in Kampen oder in St. Tropez. Er hat Golf zu spielen oder auf die Jagd zu gehen, er hat ein Haus zu haben. Und zwar nicht irgendeines, sondern ein modern eingerichtetes im Knoll-Operationssaal-Stil mit einigen echten alten Möbeln dazwischen. [. . .] Er hat einen Hund und soll möglichst kunstorientiert sein. Moderne Malerei oder Salzburg, Bayreuth einmal im Jahr. Er hat eine tiefe, sonore Stimme, die er stets dämpft.» Jetzt kommt das Entscheidende: «Mir hat mal jemand gesagt: ‹Wenn ich einen Vorstand einstelle, soll mich keiner fragen warum – dann ist er nämlich richtig. Wenn er zur Tür reinkommt, sollen alle wissen ‚Aha, das ist er!' Das ganze Gerede von den verborgenen Qualitäten ist recht fragwürdig. Ein Manager ist schließlich dazu da, das Image seiner Firma zu verkaufen. Dazu muß er sich zunächst selbst verkaufen. Das ist der Witz, ein Manager muß die eigene Persönlichkeit mit dem Image der Firma identifizieren. [. . .] Er muß Sex-Appeal haben. Ein Manager muß es zwar nicht tun, aber man muß sich sagen können: ‚Er könnte es!'›»[62]

Wenn dieser Manager qualifiziert ist – und er ist es, denn er entscheidet, natürlich objektiv, über die Qualifikationen seiner Mitarbeiter –, dann funktioniert der Begriff durch das Gegenteil dessen, was er auszudrücken scheint.

Er verschafft dem Prinzip einer Herrschaft von Menschen über Menschen, die es im Kapitalismus trotz der objektiv gegebenen Möglichkeit ihrer Überwindung immer noch gibt, einen sachlichen Schein. Die «persönlichen Qualitäten» des Bewerbers sollen zurückstehen, seine «fachlichen Fähigkeiten» sollen den Ausschlag geben. Sachlichkeit wird zu einem neuen Kleid, das einem alten Prinzip übergezogen wird. Der Begriff der Qualifikation, so überzeugend er klingt, gibt keine bislang vermißte Objektivität zurück. Daß er funktioniert, ohne daß ein Inhalt noch auszumachen wäre («Wenn ich einen Vorstand einstelle, soll mich keiner fragen warum»), gibt ihm einen neuen Inhalt. Das neue Kleid, das einem alten Prinzip angezogen wird, soll das Prinzip verdecken, um seine weitere Funktionsfähigkeit zu garantieren. Mit diesem Begriff wird Herrschaft ausgeübt. Vetternwirtschaft ist abgelöst worden durch die qualifizierte Beurteilung der Qualifikationen, aber die Herrschaft geht weiter. Kaschiert wird eine Entscheidung, die Herrschaftscharakter, politischen Charakter hat, mit sog. «fachlichen Qualifikationen» des Bewerbers.

Hier verbindet sich ein Begriff mit seinem Gegenteil. Persönlichkeit und fachliche Qualifikationen beschreiben eine falsche Identität, weil selbst die Kriterien, an denen die «fachlichen» oder «sachlichen» Fähigkeiten eines Individuums gemessen werden sollen, nicht «qualifiziert», letztlich nicht sachlich oder «fachlich» motiviert sind. Wie jeder weiß, sind Zeugnisse nicht objektiv. Dennoch zeitigen sie Wirkung. «Die Schulen wählen für jede weitere Stufe diejenigen aus, die sich in einem früheren Stadium des Spiels als sicheres Risiko für die etablierte Ordnung erwiesen haben. Ein akademischer Grad hinterläßt immer sein unauslöschliches Preisschild auf dem Curriculum des Individuums.»[63]

Wo dieser Begriff die Funktionsfähigkeit der Allgegenwart der Herrschaft von Menschen über Menschen, der «Persönlichkeit» über «Persönlichkeiten» unbestimmbar und doch als das scheinbare Gegenteil der falschen alten Ordnung, garantiert, hat er Konjunktur. Konjunktur hat er darum gerade dort, wo es darauf ankommt, wo Herrschaft bereits delegiert wird, oder, wie es heißt, «Verantwortung» reüssieren kann, wo Qualifikationen objektiv besonders schwer bestimmbar sind, bei höheren Verwaltungschargen, in den besseren Mangementetagen, wo es kein «objektives Gerippe» mehr gibt, an das die Arbeitskraft «gekettet» wäre und an deren *output*, wenn nicht die Qualifikation, so doch die Leistung des Individuums gemessen werden kann und damit der Erfolg anderer Individuen, die sich die Produkte des wirklichen Produzenten aneignen.

Der Begriff kann ganz selbstverständlich gebraucht werden, ohne daß sein Inhalt explizit gemacht werden müßte. Das ist sein Funktionsprinzip, und dieses Funktionsprinzip wird zum Inhalt des Begriffs, zur Herrschaft und zur Delegation von Herrschaft. Es stellt sich die Frage, warum der Begriff trotz allem in dieser Arbeit entwickelt werden soll, und zwar mit einem Inhalt, der primär von der Qualität der Arbeit und nicht von Herrschaft ausgeht.

Qualifikation ist nicht mehr der einzige Begriff, für den es scheinbar keinen Nachteil bedeutet, inhaltlos zu sein, der dennoch oder gerade deswegen funktionieren kann. «Freiheitlich-demokratische Grundordnung», «soziale Rolle», «Wissenschaftspluralismus» sind Begriffe mit ähnlicher Funktion[64], sie geben sich selbstverständlich, haben einen progressiven Anstrich, weil sie überkommene, überflüssige Formen der Herrschaft zu leugnen scheinen und sind dennoch inhaltlich widersprüchlich oder innerlich maßlos oder ganz einfach sinnlos. Es sind «Kampfbegriffe», aber von Rechts, die sich «objektiv» geben, unbrauchbar, um inhaltliche Positionen auszudrücken, die sich nicht mit der Herrschaft des Kapitalismus identifizieren.

Qualifikationen scheinen dagegen eine wirkliche Entsprechung zu haben: die Qualität der Arbeit, den gebrauchswertschaffenden Arbeitsprozeß, innerhalb dessen sie sich bewähren sollen und für den sie ausgebildet werden. Der Begriff der Qualifikation muß darum mit der Überwindung des Kapitalismus nicht sinnlos werden, er behält seinen Sinn: Deshalb ist es notwendig, den Begriff zu differenzieren sowie jene Momente herauszuarbeiten, die über die herrschende Gesellschaft hinausweisen können.

Qualifikation kann und soll Inhalte ausdrücken. Der Berufsforscher Burkard Lutz drückt das Problem etwas verschlüsselt auf dem 16. deutschen Soziologentag so aus: «Welche praktisch-politische Bedeutung einer theoretisch fundierten [. . .] Theorie des Zusammenhangs von technischem Fortschritt und menschlicher Arbeit zukommen könnte, braucht wohl im einzelnen nicht gesagt zu werden. Es sei nur auf die Tatsache verwiesen, daß bisher jeder Versuch, detailliertere Zusammenhänge zwischen dem wirtschaftlichen Wachstum, seinen Einflußgrößen und Auswirkungen einerseits und dem Ausstoß des Bildungs- und Ausbildungssystems andererseits herzustellen, einfach daran scheitern mußte, daß, vielleicht von einzelnen akademischen Berufen abgesehen, die konkrete Verwendbarkeit bestimmter Ausbildungsformen ebensowenig ermittelt werden konnte wie der konkrete, durch Ausbildung zu vermittelnde Qualifikationsbedarf bei gegebenen Tätigkeiten. Solange dies nicht möglich ist, hängt unsere gesamte Ausbildungs- wie Arbeitsmarktpolitik in der Luft.»[65]

2. Der empirische Gebrauch des Qualifikationsbegriffs ist zu selbstverständlich. Empirisch sind die Qualifikationsbegriffe, wenn es darum geht, aus Arbeitsplatzbeobachtungen gültige Kategorien für die Qualität der Arbeit zu gewinnen. Die ausführlichste Untersuchung der letzten Zeit ist von Horst Kern und Michael Schumann vorgelegt worden, sie kann, obwohl industriesoziologisch orientiert, für Bildungssoziologie und Bildungsökonomie als repräsentativ gelten, da Kern/Schumann in einer Primäruntersuchung empirisch geleistet haben, was normalerweise bestenfalls sekundäranalytisch aufbereitet wird. Kern/Schumann haben in ihrer Charakterisierung des Arbeitsverhaltens vier Dimensionen eingeführt, die sie benannt haben mit

1. Grad der Autonomie;
2. Umfang der Qualifikationen;
3. Höhe der Belastungen;
4. Intensität der Interaktionen.

Problematisch ist vor allem die Abgrenzung der Dimensionen, insbesondere der Qualifikationsdimension gegen die Belastungs- und die Interaktionsdimension.[66]

Dabei ist die Qualifikationsdimension differenziert nach
Umfang der handwerklichen Fähigkeiten;
Umfang der technischen Qualifikationen;

Umfang der prozeßunabhängigen Fähigkeiten.

Unter die prozeßunabhängigen Fähigkeiten sind subsumiert:

Flexibilität;

technische Intelligenz (kausales, abstrahierendes und hypothetisches Denken);

Perzeption;

technische Sensibilität;

Verantwortung (Gewissenhaftigkeit, Zuverlässigkeit, Selbständigkeit);

während unter der Belastungsdimension zum Beispiel subsumiert sind

Reaktionsleistungen;

Einfluß der Verantwortung.

Hier erscheint zwar in der Unterscheidung zwischen Qualifikation und Belastung die Differenzierung zwischen Produktivität und Intensität ungefähr wieder, aber nur unscharf. Es muß zum Beispiel unklar bleiben, warum die «Reaktionsleistungen» nicht unter den «Qualifikationen» erscheinen, umgekehrt, warum zum Beispiel «Gewissenhaftigkeit» nicht unter «Belastungen» subsumiert wird.

Der Vorwurf aber, daß die Abgrenzung von Kern/Schumann willkürlich sei und der Verbesserung bedürfe, trifft nicht. Auf der Basis technischer Beobachtungen können keine Abgrenzungen vorgenommen werden, die über den singulären Beobachtungszusammenhang, an dem sie empirisch als Kriterien entwickelt worden sind, hinausweisen könnten. Daß Kern/Schumann Begriffe wie «technische Intelligenz» oder «technische Sensibilität» übernommen haben, zeigt den Versuch der Verallgemeinerung, aber theoretisch könnte er sich nur dann als gültig ausweisen, wenn die Einzelprozesse, an denen diese Kategorien festgemacht werden, über sich selbst hinausweisen könnten, wenn sie also für die Logik der technischen Entwicklung selbst Gültigkeit hätten. Eben die besäßen sie nur, wenn es eine Logik der Entwicklung des Arbeitsprozesses gäbe, wenn Durchsetzung und Form der Durchsetzung in eins fallen würden. Wir kommen auf das Problem der Logik des Arbeitsprozesses in Abschnitt drei zurück. Empirische Qualifikationsbegriffe leiden, ob sie aus minuziösen Beobachtungen folgen, die notwendigerweise unzulässig verallgemeinert werden müssen, weil im Kapitalismus *nicht* die Technik die praktische Durchsetzung der Technik bestimmt, sondern das Kapital, oder ob sie mit soziologischer Phantasie am Schreibtisch entwickelt werden, an der Tatsache, daß sie als Begriffe zwar abgrenzen sollen, aber letztlich grenzenlos sind. Welche der Vielzahl von Aspekten, unter denen die menschliche Arbeit beobachtbar ist, könnte gültig als Nicht-Qualifikation disqualifiziert werden. Welches Prädikat der Arbeit wäre denn gültig, zugleich aber kein qualifizierendes Prädikat? Zweifellos ist es möglich, in den Grenzen einer Studie im Interesse der Operationalisierung für andere Fragestellungen einen Konsens über die Systematik der Abgrenzungen zu erzielen, er kann jedoch nicht über den Rahmen der Studie hinaus gelten.

Von empirischen Qualifikationsbegriffen auszugehen oder gar prognostisch von ihnen auszugehen, wenn sie als Folgeerscheinung weitreichender Entwicklungen wie der Automation begriffen werden sollen, muß problematisch bleiben.

Eine Bestimmung des Qualifikationsbegriffs, die primär empirisch vorgeht, die sich auf der «Oberfläche der Erscheinungen» der kapitalistischen Praxis bewegt, wird unsere Unterscheidung verschiedener Qualifikationsebenen nicht eindeutig verifizieren können, auch wenn es ihr schwerfallen würde, sie zu falsifizieren.

Für unsere Fragestellung hieße das, daß sich in der Praxis der Produktion des Mehrwerts für jedes *individuelle Kapital* selbst unmittelbar, das heißt, sichtbar ein Unterschied zwischen *produktiven* und *intensiven* Formen der Mehrwertproduktion ergeben müßte, denn real kann immer nur der Produktionsprozeß einzelner Kapitale «beobachtet» werden.

Betrachtet man den Produktionsprozeß des Kapitals im allgemeinen, das heißt ohne die Modifikationen, die sich für das in der Konkurrenz befangene Einzelkapital ergeben, so haben beide Momente des Prozesses durchaus unterschiedliche Erscheinungsformen. Die Produktivitätssteigerung drückt sich – bei konstantem Wertprodukt, in steigenden Gebrauchswertmassen aus, die *indirekt*, über die Reproduktion der Arbeitskräfte, die Rate zwischen notwendigem Produkt und Mehrprodukt verschieben. Die Intensivitätssteigerung dagegen stellt «gesteigerte Arbeitsverausgabung» dar, pro Zeiteinheit wird durch sie ein größeres Wertprodukt hergestellt. Ihre Wirkung auf die Mehrwertrate ist daher – bei konstantem oder nur geringfügig steigendem Reproduktionsniveau der Arbeitskräfte – *direkt*. Die Intensivitätssteigerung der Arbeit ist somit im Prinzip noch Produktionsform des absoluten Mehrwerts, die in ihre intensive Größe umgekippte Verlängerung des Arbeitstages.

In der unmittelbaren Praxis des in der Konkurrenz befangenen Einzelkapitals dagegen ist die Unterscheidung zwischen intensiver und produktiver Arbeit verwischt, weil es nicht auf der *Wertebene* – auf der wir die Unterscheidung festgemacht haben –, sondern nur auf der *Preisebene* «denkt». Hier gilt nicht die Mehrwert-, sondern die Profitrate. Sowohl intensivere als auch produktivere Arbeit haben wachsende Warenmengen zum Resultat (ungeachtet der je unterschiedlichen individuellen Wertgrößen, die sie repräsentieren), die, bei konstanten Marktpreisen, auf jeden Fall mit wachsenden Gewinnen realisiert werden können. Dem einzelnen Kapitalisten stellen sich also beide Formen «effektiv» gleich dar.

Die auf der Ebene des Einzelkapitals fehlende Differenzierung reflektiert sich besonders kraß im «Taylorismus», der zu Beginn dieses Jahrhunderts entstand. Seine Elemente sind

a) planmäßige Analyse einzelner Arbeitsvorgänge mit dem Ziel der Vermeidung überflüssiger Bewegungen, Erreichung der höchsten Effektivität etc.;

b) die Durchsetzung der neuen Formen mit Hilfe von Prämien- und Akkordsystemen.

Unter Punkt a) sind sowohl produktive als auch intensive Momente zusammengefaßt, denn einerseits werden die «Poren des Arbeitstages» gestopft, andererseits verändert sich auch der Arbeitstyp. Dabei soll die Rationalität neuer Arbeitsformen im Taylorismus mit Hilfe der Modellfunktion eines «Leithammels» durchgesetzt werden. Taylor wählt unter seinen Arbeitern den fleißigsten, geschicktesten und stärksten aus. Mit ihm probt er den neuen Arbeitstyp. Dessen Rekordzeit wird gemessen. Jeder andere Arbeiter, der den Rekord nicht erreichen kann, wird entlassen. Die Rationalität neuer Arbeitsformen wird von der irrationalen Durchsetzungsform praktisch nicht mehr unterscheidbar.

Für Taylor hat sich damit in seinen Betrieben der «Demokratismus» verwirklicht, denn er glaubt, neue Methoden der «objektiv-wissenschaftlichen Tatsachenfeststellung» eingeführt zu haben, «denen beide Parteien gleiches Vertrauen schenken können»[67].

Die Koppelung neuer Arbeitsformen an den stärksten Mann, zusammen mit der Drohung der Entlassung, macht Taylors *‹Principles of scientific management›*, so der Titel seines Hauptwerkes (1912), zur Antiwissenschaft. Dieses Beispiel praktischer Theorie ist zugleich ein Beispiel praktischer Nicht-Theorie. Aber es zeigt die Notwendigkeit, an der Unterscheidung von Intensivitäts- und Produktivqualifikationen festzuhalten, auch wenn sie sich nicht offensichtlich ergibt.

2.6 Die Verselbständigung des Ausbildungssystems

Für die Bestimmung der Funktion des Ausbildungssystems ist nicht nur die «Möglichkeit» der selbständigen und gesellschaftlich organisierten Form der Ausbildung notwendig. Zur näheren Bestimmung des eigentümlichen Charakters der Qualifikationsfunktion wird die «Notwendigkeit» der verselbständigten Ausbildungsform aufgezeigt werden müssen. Wir waren davon ausgegangen, daß die Krisen- und Störanfälligkeit des Systems wesentlich davon abhängt, daß seine Rückkoppelung an die Produktionssphäre eben nur abstrakt über den Arbeitsmarkt gegeben ist, daß die konkrete Beziehung zwischen Qualifikationen der einzelnen Arbeitskraft und der Qualität der Arbeit, die zu leisten ist, aus dem Ausbildungsprozeß wegen seiner verselbständigten Form ausgeklammert ist.

Wenn das Ausbildungssystem nicht einfach ein zufälliges Ereignis, sondern dem Kapitalverhältnis immanent sein soll, dann muß doch zugleich die Form, in der die mögliche Dysfunktionalität des Ausbildungssystems angelegt ist, sich aus der spezifischen Rationalität des Kapitalverhältnisses ergeben.

Wir haben gesehen, daß das Funktionsverhältnis des Arbeitsprozesses im Verlauf der reellen Subsumtion so umgestaltet wird, daß ein großer Teil der Arbeitsverrichtungen auf einfache Tätigkeiten reduziert wird, für deren Ausführung neben den konkreten Fertigkeiten und Fähigkeiten in zunehmendem Maße Intensivitätsqualifikationen notwendig werden. Uneinsichtig bleibt, warum jene neue Qualität der Arbeit in der Form einer «Ausbildung» institutionell abgesichert wird, statt durch die schlagende Brutalität kapitalistischer Arbeitsprozesse auch primär oktroyiert – «sozialisiert» – zu werden. Das ist im wesentlichen nicht der Fall. Auch die Lehrlingsausbildung hat heute einen Vorlauf von neun allgemeinbildenden Schuljahren. Wenn die krisenanfällige Organisation des Ausbildungssystems dysfunktional ist, muß sie doch zugleich eine spezifische Rationalität für das Kapitalverhältnis haben.

Die Arbeitskraft ist unter der Voraussetzung, daß das Kapital sie in seinem Produktionsprozeß einsetzen, das heißt *produktiv konsumieren* kann, Gebrauchswert für das Kapital.[68]

Der Tauschwert der Arbeitskraft ist durch die zu ihrer Reproduktion notwendige Summe Lebens- und Subsistenzmittel bestimmt, ihr Gebrauchswert für das Kapital ist unmittelbar die Verausgabung von Arbeit, das heißt gesellschaftlich die Produktion von Wert. «Was den Arbeiter von anderen Warenverkäufern unterscheidet, ist nur die spezifische Natur, der spezifische Gebrauchswert der von ihm verkauften Ware.»[69]

Gebrauchswert ist gesellschaftlich die wertschöpfende Potenz der Arbeit, sie ist aber nur unter der Bedingung eines *konkreten* Arbeitsprozesses konsumierbar. Soll sie sich verwerten, soll sie Warenform annehmen, dann muß sie als Tauschwert zugleich Gebrauchswert darstellen.[70]

Der Gebrauchswert der Arbeitskraft kann daher nicht unabhängig vom Arbeitsprozeß begriffen werden. «Im Arbeitsprozeß tritt der Arbeiter als Arbeiter in ein normales, durch die Natur und den Zweck der Arbeit selbst bestimmtes tätiges Verhältnis zu den Produktionsmitteln.»[71] Ist der Arbeitsprozeß, wie im industriellen Kapitalismus, als «objektives Gerippe» in Gestalt der Maschinerie dem arbeitenden Subjekt vorausgesetzt, dann sind die Qualifikationen, die zur Arbeitsverausgabung innerhalb dieses Arbeitsprozesses notwendig sind, als Bedingung der konkreten Arbeit integraler Bestandteil des Gebrauchswerts der Arbeitskraft. Der

Gebrauchswert der Arbeitskraft ist also durch die konkrete Struktur, das «objektive Gerippe» des Produktionsprozesses determiniert. *Verwertbar* ist die Arbeitskraft nur, wenn sie ihrer Qualität nach in dieses objektive Gerippe eingefügt werden kann, wenn, mit anderen Worten, ihre Qualifikation vorausgesetzt werden kann. Soll sich die Arbeitskraft im Prozeß der Kapitalverwertung – als Gebrauchswert «verwirklichen», das heißt produktiv konsumieren lassen, dann muß sie bereits arbeiten können, *bevor* sie in den Prozeß eintritt.

Der Gebrauchswert, das heißt die produktive Konsumtion der Arbeitskraft, wird damit zum Prädikat der technologischen Struktur des Arbeitsprozesses. Das ist Qualifikation, notwendig, nicht mehr nur der Möglichkeit nach. Tritt die Arbeitskraft auf den Arbeitsmarkt, dann wird ihre Qualifikation bereits vorausgesetzt, denn nur wenn sie entsprechende Qualifikationen überhaupt besitzt, kann sie als Ware fungieren, hat sie einen Gebrauchswert für das Kapital.

Die Qualifikation der Arbeitskraft wird damit doppelt bestimmt: Zum einen ist ihr Gebrauchswert bestimmt durch den konkreten Charakter der Arbeit, die sie ausüben wird, ihre Fähigkeit, im Verein mit den Produktionsmitteln Gebrauchswerte zu schaffen, zum anderen durch den Verwertungscharakter des Produktionsprozesses, unter die die Arbeitskraft als Produzent von Werten subsumiert wird.

Qualifikation als eine selbständige, vom Arbeitsprozeß losgelöste und zugleich von ihm abhängige Qualität des Gebrauchswerts wird nicht nur durch die Tatsache der Arbeitsteilung verursacht dadurch, daß die verschiedenen Arbeitsprozesse unterschiedliche stoffliche Struktur besitzen. Qualifikation wird im wesentlichen durch die Tatsache notwendig, daß die Arbeitskraft Warencharakter annehmen muß, um sich reproduzieren zu können. Ihr Warencharakter aber impliziert, daß ihr Gebrauchswert für das Kapital bereits existiert, damit sich der Zirkulationsakt vollziehen kann.

Nicht die Produktion, sondern die Zirkulation, nicht der konkrete Charakter des Arbeitsprozesses, durch den die Arbeitskraft definiert wird, sondern ihr Gebrauchswert für das Kapital impliziert die Notwendigkeit jener vom Arbeitsprozeß losgelösten Produktion des Arbeitsvermögens – das Ausbildungssystem.

Qualifikation, das Schlüsselwort des SPD-Staates, ist so nichts anderes als die eine spezifische Rationalität der Zirkulation des Kapitals, in der die Faktoren des Produktionsprozesses Warencharakter annehmen müssen, bevor sie miteinander kombiniert werden können. Qualifikation kann also unter den Bedingungen eines bestimmten technologischen Funktionsverhältnisses des Arbeitsprozesses begriffen werden als die Gebrauchswertform der Arbeitskraft, im Austauschprozeß gegen das variable Kapital. Sie ist in der Form, die sie im Kapitalismus grundsätzlich annimmt, zwar Funktion des Produktionsprozesses, nicht aber sein Resultat, sondern Resultat der Zirkulation.

Die Problemlosigkeit, mit der der Qualifikationsbegriff häufig gebraucht wird, korrespondiert mit der Selbstverständlichkeit, mit der beliebige Varianten von ihm hingenommen werden und mit der die Produktion von Qualifikationen als naturgegeben bereits unterstellt wird. Kennzeichnend dafür ist die Indienstnahme der Rohstoffproduktion als tragende Analogie zu Qualifikationsprozessen bei Hartmut Berg in seinem Text ‹*Ökonomische Grundlagen der Bildungsplanung*›: «So wie der Boden eines Landes erst kultiviert und bebaut, die Flüsse schiffbar gemacht oder zur Stromerzeugung aufgestaut, Bodenschätze gefördert und Rohstoffe gewonnen werden müssen, ehe sie Erträge abgeben, so bedarf auch der Mensch der Anleitung und Ausbildung, ehe er sinnvoll zur Produktion beitragen kann.»[72]

Auch wenn, so Illich, es «mit dem Glauben an die Schule vorbei» ist[73], wissen es doch jene, die nicht mehr daran glauben, auch nicht besser. Schlimmer noch: «Sie vermögen sich keine ‹entschulte Gesellschaft› vorzustellen, das heißt keine Gesellschaft mit nichtschulischen Institutionen.»[74]

Die Naturwüchsigkeit, mit der sich das Ausbildungssystem in den Köpfen der Gesellschaftsmitglieder festgesetzt hat, entspricht also der Selbstverständlichkeit, mit der seine Produkte, die Qualifikationen, ganz unbestimmt und unreflektiert als positive Daten hingenommen werden. Das ist kurz skizziert das Syndrom, an dem die Bildungsökonomie leidet, wenn sie nicht mehr problematisiert, sondern nur noch berechnet.

Franz Janossy hat, im Unterschied zu vielen anderen Bildungsökonomen (vgl. Abschnitt drei dieser Arbeit) den Begriff der Qualifikation nicht nur zum zentralen Bestandteil seiner Theorie des wirtschaftlichen Wachstums gemacht, sondern zugleich versucht, den Begriff inhaltlich auszufüllen. Deshalb gehen wir hier ausführlich auf seine Arbeit ‹*Das Ende der Wirtschaftswunder*›[75] ein.

Für Janossy ist das Movens der gesellschaftlichen Entwicklung wesentlich der qualitative Wandel der Arbeit. «Während unser Einblick in die individuellen Kenntnisse der einzelnen Menschen immer unvollständig bleibt, und ihr summiertes Können, Wissen und Geschick unserem Augenmerk entgeht, tritt uns dessen Ergebnis, also das Resultat *ihrer Arbeit* als immerfort anschwellender Strom von Sachwerten – sowohl quantitativ als auch qualitativ einschätzbar – entgegen. [...] Die Tatsache, daß der wesentliche Träger der menschlichen Entwicklung die Entwicklung des Menschen selbst ist, gerät in Vergessenheit, und das Fortschrittstempo scheint heute von der Ausbreitung einer sich immerzu vervollkommenden

Maschinerie bestimmt zu sein.» Für Janossy ist daher wirtschaftliches Wachstum mit der Entfaltung der Produktivkräfte der Arbeit identisch. «Niemand wird wohl die Tatsache, daß die Entwicklung der Produktionsmittel und die der Arbeitskraft Hand in Hand gehen, bestreiten.»[76]

Hieraus entwickelt er dann seine These von der Dominanz der Arbeitskraft. «Doch wird die Rolle, die jeder der beiden Entwicklungsprozesse innerhalb dieser Wechselwirkung spielt, sehr verschieden eingeschätzt. Wir vertreten die Ansicht, daß innerhalb dieser Wechselwirkung die Entwicklung der Arbeitskraft das überwiegende Moment darstellt und daß demgemäß die wirtschaftliche Entwicklung eines Landes letzten Endes – also auf lange Sicht – von der Entfaltung der Arbeitskraft abhängt, und zwar weil die Gesellschaft immer wieder – wenn auch oft nach Verzögerungen und Rückschlägen – die dem jeweiligen Entwicklungsniveau der Arbeitskräfte adäquaten Produktionsmittel schafft.»[77] Für Janossy ist also die Komplementarität von Arbeitskräften und Produktionsmitteln nicht einfach vorausgesetzt und auch nicht funktionslogisch – qua Produktion des Ausbildungssystems – gegeben. Die Struktur der Arbeitskraft ist nicht einfach durch die Struktur der Produktionsmittel determiniert. Für ihn ist im Gegenteil die Nichtkomplementarität oder die nur partielle Komplementarität, die «Spannung» zwischen der qualitativen Struktur der Arbeitskräfte und der der Produktionsmittel ein wichtiger Bestandteil seiner Wachstumstheorie.

Das relative Wachstum einer Volkswirtschaft – er sieht vom Wachstum der Arbeiterbevölkerung ab – ist primär an die Entfaltung der Produktivkräfte der Arbeit gebunden. Sie wäre quantitativ zu fassen als Arbeitsersparnis, analog dem Produktivitätsbegriff der bürgerlichen Nationalökonomie. Janossy geht aber weiter, er sieht hinter der quantitativen Veränderung deren qualitativen Bedingung: «Quantitative Arbeitsersparnis hat nämlich den qualitativen Wandel der Arbeit nicht nur als Begleiterscheinung, sondern sogar als Voraussetzung.»[78] Die kann aber nur durch den technologischen Wandel erfolgen. Wachsende Produktivkräfte beinhalten daher zugleich eine Änderung der *Arbeitsplatzstruktur*. Die sich ändernde Arbeitsplatzstruktur erzwingt den Wandel der *Beschäftigungsstruktur*, denn an veränderten Arbeitsplätzen verändert sich die Beschäftigung der Arbeitskräfte. Langfristig muß sich dann auch die *Berufsstruktur*, das heißt die persönlichkeitsspezifische Qualifikationsstruktur der Arbeitskräfte ändern. «Die wirtschaftliche Entwicklung ist mit der Veränderung der Berufsstruktur untrennbar verknüpft, und ein höheres Tempo der wirtschaftlichen Entwicklung erfordert eine raschere Wandlung der Berufsstruktur.»[79] Induziert wird der technische Fortschritt durch die Entwicklung von Wissenschaft und Technik von «allgemeiner Arbeit». Damit ist er als technologischer *Wandel* jedoch noch nicht durchgesetzt.

Auf großer Stufenleiter wird sich der technische Fortschritt erst durchsetzen können, wenn eine, der veränderten Arbeitsplatzstruktur entsprechende, veränderte Berufsstruktur geschaffen worden ist.

Die Veränderung der Berufsstruktur ergibt sich für Janossy erstens durch «diejenigen, die schon einen Beruf ergriffen haben, durch Erweiterung und Veränderung ihrer Berufskenntnisse» und zweitens durch «diejenigen, die Jahr für Jahr neu in die Gesamtarbeiterschaft eintreten»[80]. Die Fähigkeit zum Umlernen der bereits in den Produktionsprozeß eingetretenen Arbeitskräfte ist sowohl sozial als auch ökonomisch begrenzt. «Zieht man in Betracht, daß in den wirtschaftlich entwickelten Ländern ungefähr die Hälfte aller Werktätigen älter als 40 Jahre und ungefähr ein Viertel älter als 50 Jahre ist – sich also in einem Alter befindet, in dem die Berufsgebundenheit schon sehr stark ist –, so wird die erfahrungsgemäß äußerst langsam vor sich gehende Veränderung der Berufsstruktur wohl nicht mehr so erstaunlich erscheinen.»[81] Zudem nimmt die Rentabilität des Umlernens mit zunehmendem Alter ab, denn es «sinkt mit dem Alter die Zahl der Jahre, während welcher die neuerworbenen Kenntnisse noch verwertet werden können»[82]. Die Berufsgebundenheit verstärkt sich daher mit zunehmendem Alter. Hinzu kommt, daß die Reproduktion der Berufsstruktur wesentlich, insbesondere da, wo sie sich unmittelbar im Produktionsprozeß selbst vollzieht, von der älteren Generation vorgenommen und damit gleichsam als «klassische Struktur» tradiert wird. Es entsteht also eine permanente Spannung zwischen der – durch die Dynamik des technischen Fortschritts vorangetriebenen – Arbeitsplatzstruktur und der konservativen Berufsstruktur. «Die Struktur der Produktionsmittel läuft jener der Arbeitskraft, also der Berufsstruktur, andauernd um einige Schritte voraus und erzwingt dadurch deren Veränderung, zwingt den Menschen zum Lernen und Umlernen, zwingt ihn, die Art seiner konkreten Tätigkeit zu ändern.»[83]

Die Transformation der alten in die neue Berufsstruktur vollzieht sich, Janossy zufolge, also wesentlich an den Produktionsmitteln selbst und ist daher abhängig vom Ausbreitungsgrad neuer Produktionsmittel. Umgekehrt ist dieser von der Veränderung der Berufsstruktur beschränkt. Nach Einführung neuer Produktionsmittel, das heißt der Veränderung der Arbeitsplatzstruktur, ergibt sich die Veränderung der Berufsstruktur im sukzessiven Wechselspiel zwischen den vordringenden Produktionsmitteln und dem Zurückweichen der alten Berufsstruktur zugunsten der neuen. Schrittweise wird die Möglichkeit geschaffen, die neuen Produktionsmittel auf verbreiterter Basis einzuführen. Erneut entsteht eine Spannung, die wiederum durch die Anpassung der Arbeitskraft an die Produktionsmittel bewältigt wird.

Wichtig ist nun, daß die Funktion der formellen Ausbildung außerhalb des Produktionsprozesses, also der Produktion des Ausbildungssystems, nur vermittelt von Interesse ist. «Die im Unterricht theoretisch, wie auch die in der schulmäßigen Ausbildung erworbenen praktischen Kenntnisse bilden im allgemeinen nur eine Grundlage.»[84]

Janossy funktioniert die von ihm entwickelte Gesetzmäßigkeit der Berufsstrukturveränderung nun zur Begründung für die von ihm statistisch abgeleitete Konstanz der «Fortschrittskonstane Alpha» um, die seinen Beobachtungen zufolge für die verschiedenen Länder zwischen 1,7 Prozent und 2 Prozent pro Jahr liegt, und an der sich das reale Wachstum immer orientieren muß. «Während [. . .] also der Produktivitätszuwachs in einem gegebenen Jahr von der Veränderung der Altersverteilung, [der Modernisierung] der Betriebsanlagen abhängt – also demgemäß auch von der Investitionsrate im gegebenen Jahr –, wird das Wachstum der Produktivität auf lange Sicht von der Fortschrittskonstante bestimmt, und ist von den Schwankungen der Investitionsrate unabhängig.»[85]

Die Fortschrittskonstante, die den Grad des Wachstumstrends angibt, ist äußerst stabil. «Der faktische Verlauf der wirtschaftlichen Entwicklung zeigt nämlich, daß deren wesentlichste Kennziffern, wie zum Beispiel das Nationaleinkommen, das Produktionsvolumen der Industrie usw. während einer ungestörten Periode der Entwicklung einer geometrischen Progression gemäß wachsen.»[86]

Zwar konstatiert Janossy, daß die Revolutionierung der Produktionsverhältnisse und der Übergang zum Sozialismus die Trendlinie verschieben und die Fortschrittskonstante verändern können. Jene gesellschaftlichen Institutionen jedoch, die an der Produktion der Berufsstruktur primär beteiligt sind, berücksichtigt er bei der Bestimmung der Fortschrittskonstante nicht. Die Funktion des Ausbildungssystems wird also von Janossy konstant gesetzt, sie hat letztlich keinen Einfluß auf das Tempo der Entwicklung und damit auch keinen Einfluß auf die Entwicklung selbst. Das gilt, obwohl Janossy zufolge die Ablösung der tradierten durch eine neue Berufsstruktur eine Überqualifikation der Arbeitskräfte bedingt. «Die Meisterung neuer Arbeitsplätze ist eigentlich nur dadurch möglich, daß die Berufskenntnisse eines Menschen nicht bloß einer einzigen, bestimmten, konkreten Tätigkeit entsprechen, sondern sich über einen breiten Spielraum von Tätigkeitsarten erstrecken.»[87]

Gerade die Nichtkomplementarität von Arbeitskräften und Produktionsmitteln, denn «die Veränderung der Arbeitsplatzstruktur [muß] – um den Fortschritt voranzutreiben – mit der Berufsstruktur nicht bloß Schritt halten, sondern ihr andauernd vorauseilen»[88], die *«spezifische Inkongruenz»* also würde hier die Funktionsfähigkeit des Ausbildungssystems bedingen. Wenn Janossy mit der Stabilität seiner Fortschrittskonstante, das heißt mit der Stabilität wie Trägheit der Berufsstrukturveränderung, demnach mit der Konstanz der Funktion und Funktionsfähigkeit der Produktion von Qualifikationen implizit operiert, dann ergibt sich ein Widerspruch, der in zwei Richtungen aufgelöst werden kann.

1. Die Produktionsleistung des Ausbildungssystems erschöpft sich hauptsächlich in der Produktion von Intensitivitätsqualifikationen, die auf die Fähigkeit der Individuen, das Tempo der Arbeitsplatzstruktur zu bewältigen, relativ wenig Einfluß haben.

2. Janossy unterliegt selbst dem von ihm analysierten subjektiven Schein der Dominanz der Produktionsmittel für die wirtschaftliche Entwicklung: «Für den Unternehmer sind nämlich die in seinem Besitz befindlichen Produktionsmittel das A und O der Entwicklung – und insoweit sogar berechtigt, als es sich nur um seinen eigenen Platz an der Sonne handelt –, die Berufsstrukturveränderung hingegen entgeht seinem Augenmerk, da die Arbeitskraft für ihn ein Reservoir ist, aus dem er so gut wie unbeschränkt schöpfen kann. Erst wenn die Veränderung der Arbeitsplatzstruktur jener der Berufsstruktur so weit voranläuft, daß die allzu große Spannung die Rechnung des einzelnen Unternehmers durchkreuzt, erst dann tritt die Bedeutung der Arbeitskraft und ihrer Entwicklung *auch* für ihn zutage, aber auch dann nur selten in einer unmißverständlichen Weise.»[89]

Konstitutiv für den Qualifikationsbegriff war bisher, daß die Qualität der Arbeit den Produktionsmitteln komplementär ist. Janossy stellt dar, daß die Komplementaritätsannahme zu einer falschen Abstraktion werden kann. Sie wird zugleich, auch bei ihm zumindest am Punkt der Stabilität der «Fortschrittskonstante», zur illusionären Abstraktion, in der sich die Formbestimmtheit der Handlungszwänge des Einzelkapitals innerhalb des Austausches zwischen Arbeitskraft und Kapital reflektiert. Solange es dem Einzelkapitalisten so erscheinen kann, als ob «die Arbeitskraft ein Reservoir ist, aus dem er so gut wie unbeschränkt schöpfen kann», solange muß er glauben, daß für ihn die optimale Kombination der Produktionsfaktoren immer möglich sei. Die Aneignungsform der Arbeit durch das Kapital auf der Basis des Tausches erzwingt also nicht nur die selbständige Konstitution von Bildung und Ausbildung im Kapitalismus, sie reproduziert zugleich die Illusion, als ob die Komplentarität zwischen Arbeitsvermögen und Produktionsmitteln auch faktisch gegeben sei. Sie kann diese Illusion aber nur deshalb erzeugen, weil die Produktion des Ausbildungssystems dominant auf Intensivitätsqualifikationen der Arbeit gerichtet ist. Realität und objektiver Schein zusammen erzählen dann das Märchen jener Idealität und Unhinterfragbarkeit von Qualifikationen, die die Komplementaritätsannahme unterstellt, und sie erlauben zugleich noch, selbst in der schwersten Krise der Ausbildungsinstitutionen, die Illusion des «pädagogischen Freiraums».

Anmerkungen, Teil 2

Qualifikation und Produktionsprozeß

1 K. Marx: ‹*Kapital I*›. Marx/Engels-Werke (zitiert MEW), Berlin. Bd. 23, S. 192.

2 Ebd., S. 49.

3 Ebd., S. 56.

4 Ebd., S. 195.

5 K. Marx: ‹*Grundrisse der Kritik der politischen Ökonomie*›. Berlin 1953, S. 204.

6 Ebd., S. 384f.

7 K. Marx: ‹*Resultate des unmittelbaren Produktionsprozesses*›. Frankfurt am Main 1969, S. 55.

8 Vgl. dazu K. M. Bolte: ‹*Beruf und Gesellschaft in Deutschland*›. Opladen 1970.

9 K. Marx: ‹*Kapital I*›, a. a. O., S. 186.

10 Ebd., S. 167ff.

11 «In der Fabrik existiert der tote Mechanismus unabhängig von ihnen, und sie werden ihm als lebendiges Anhängsel einverleibt.» Ebd., S. 445.

12 «Da vor seinem [des Arbeiters; M. M.] Eintritt in den Prozeß seine eigene Arbeit ihm selbst entfremdet, dem Kapitalisten angeeignet und dem Kapital einverleibt ist, vergegenständlicht sie sich während des Prozesses beständig in fremdem Produkt. [. . .] Der Arbeiter selbst produziert daher beständig den objektiven Reichtum als Kapital, ihm fremde, ihn beherrschende und ausbeutende Macht, und der Kapitalist produziert ebenso beständig die Arbeitskraft als subjektive, von ihren eignen Vergegenständlichungs- und Verwirklichungsmitteln getrennte, abstrakte, in der bloßen Leiblichkeit des Arbeiters existierende Reichtumsquelle, kurz, den Arbeiter als Lohnarbeiter. Diese beständige Reproduktion oder Verewigung des Arbeiters ist das sine qua non der kapitalistischen Produktion.» Ebd., S. 596.

13 «Wie die durch Kooperation entwickelte gesellschaftliche Produktivkraft der Arbeit als Produktivkraft des Kapitals erscheint, so die Kooperation selbst als eine eigentümliche und ihn spezifisch unterscheidende Form. [. . .] Die Kooperation bleibt Grundform der kapitalistischen Produktionsweise, obgleich ihre einfache Gestalt selbst als besondere Form neben ihren weiterentwickelten Formen erscheint.» Ebd., S. 351.

14 «Das Wirken einer größeren Arbeiteranzahl zur selben Zeit, in demselben Raum (oder, wenn man will, auf demselben Arbeitsfeld), bildet historisch und begrifflich den Ausgangspunkt der kapitalistischen Produktion.» Ebd. S. 341.

15 Ebd., S. 348f.

16 Ebd., S. 356.

17 Ebd., S. 381.

18 Ebd., S. 382.

19 Ebd., S. 361.

20 «Die spezifische Maschinerie der Manufakturperiode bleibt der aus vielen Teilarbeitern kombinierte Gesamtarbeiter.» Ebd., S. 369.

21 Ebd., S. 351.

22 Vgl. E. Mandel: ‹*Marxistische Wirtschaftstheorie*›. Frankfurt am Main 1968.

23 K. Marx: ‹*Kapital I*›. MEW Bd. 23, S. 287.

24 C. F. L. Lachmann: ‹*Das Industrieschulwesen, ein wesentliches und erreichbares Bedürfnis aller Bürgerschulen*›, S. 26. Zitiert nach R. Alt: ‹*Die Industrieschule, ein Beitrag zur Geschichte der Volksschule*›. Berlin/Leipzig 1948, S. 16.

25 F. W. Kohler: ‹*Gedanken über die Einführung der Industrieschulen*›. S. 64. Zitiert nach Alt, a. a. O., S. 26.

26 Zitiert nach: Das Staatsarchiv Potsdam. Potsdam 1972.

27 Lachmann, a. a. O., S. 30.

28 Alt, a. a. O., S. 16.

29 Jantke: ‹*Der vierte Stand. Die gestaltenden Kräfte der deutschen Arbeiterbewegung im XIX. Jahrhundert*›. Freiburg 1955. Zitiert nach Bolte, a. a. O., S. 24.

30 A. Wagemann: ‹*Über die Bildung des Volkes zur Industrie*›. Göttingen 1791. Zitiert aus: ‹*Quellen zur Geschichte der Erziehung*›. Berlin 1968, S. 161.

31 A. Wagemann: a. a. O., S. 6. Zitiert nach Alt, a. a. O.

32 H. Ph. Sextro: ‹*Über die Bildung der Jugend zur Industrie*›. Prag 1785. Zitiert nach Alt, a. a. O., S. 38.

33 ‹*Germanien und Europa*›. Bd. I, S. 30. Zitiert nach Alt, a. a. O., S. 38.

34 Lachmann, a. a. O., S. 19.

35 Alt, a. a. O., S. 34.

36 J. H. Campe: ‹*Über einige verkannte, wenigstens ungenützte Mittel zur Beförderung der Industrie, der Bevölkerung und des öffentlichen Wohlstands*›. Zwei Fragmente. Wolfenbüttel. Zitiert nach: ‹*Quellen zur Geschichte der Erziehung*›, a. a. O., S. 161.

37 M. J. Condordet: ‹*Bericht über die allgemeine Organisation des öffentlichen Erziehungswesens*›. In: ‹*Erziehungsprogramme der französischen Revolution*›. Hg. von R. Alt. Berlin 1949. Zitiert nach J. Beck u. a.: ‹*Erziehung in der Klassengesellschaft*›. S. 30f.

38 F. v. Cölln in R. Alt: ‹*Die Industrieschule*›, a. a. O., S. 27.

39 I. B. Basedow in R. Alt, a. a. O., S. 21.

40 Massow in R. Alt, a. a. O., S. 23.

41 Alt, a. a. O., S. 38.

42 H. Ph. Sextro, zitiert nach: ‹*Quellen zur Geschichte der Erziehung*›, a. a. O., S. 161f.

43 K. Marx: ‹*Kapital I*›. MEW Bd. 23, S. 262.

44 Ebd., S. 552.

45 Ebd., S. 269.

46 Ebd., S. 401.

47 Ebd., S. 361.

48 Ebd.

49 Ebd., S. 394.

50 K. Marx: ‹*Grundrisse*›, a. a. O., S. 584.

51 K. Marx: ‹*Kapital I*›. MEW Bd. 23, S. 442.

52 Ebd., S. 394.

53 Ebd., S. 401.

54 Ebd., S. 446.

55 Vgl. die Arbeiten von Hirsch, Leibfried und Roth sowie die Arbeit der

«manpower-Gruppe» am Institut für Bildungsforschung in Berlin: ‹*Expansion und Innovation*›. Berlin 1971.

56 B. Lutz: ‹*Produktionsprozeß und Berufsqualifikation*›. Vortrag, gehalten auf dem 16. Deutschen Soziologentag. Frankfurt 1968. In: ‹*Spätkapitalismus oder Industriegesellschaft*›. Hg. von Th. W. Adorno. Stuttgart 1969, S. 240.

57 Lutz, a. a. O., S. 246 f.

58 H. Domoch. In: ‹*Texte zur Arbeitswelt*›. Werkkreis Arbeitswelt. Köln 1971.

59 K. Marx: ‹*Kapital I*›. MEW Bd. 23, S. 432.

60 Ebd., S. 425.

61 Ebd.

62 M. Schubart. In: *M* 10, 1969.

63 I. Illich: ‹*Entschulung der Gesellschaft*›. München 1972.

64 Vgl. Die Untersuchungen von M. v. Brentano, P. Furth und W. F. Haug in: *Das Argument* 66.

65 Lutz, a. a. O., S. 250.

66 Vgl. H. Kern und M. Schumann: ‹*Industriearbeit und Arbeiterbewußtsein, Teil II*›. Frankfurt am Main 1970, S. 87.

67 Vgl. Materialien zur kapitalistischen Rationalisierung. Projektgruppe ‹*Automatisierung und Arbeiterklasse in der Westberliner Elektroindustrie.*› Hektographiertes Manuskript, S. 6.

68 Die Form G – W – G (Geld – Ware – Geld) kann sich nur dann in Kapital verwandeln, wenn der Geldbesitzer auf dem Warenmarkt jene spezifische Ware finden kann, deren Gebrauchswert es ist, mehr Wert zu schaffen, als sie selbst repräsentiert, denn nur dann löst sich der Widerspruch der in der Kapitalform von vorneherein angelegt ist. G – W – G (G′ – G + dG) das heißt, da der Mehrwert, das dG nicht aus der Zirkulation resultieren kann:

G – W . . . . . . W′ – G′

Die Verwandlung von G in G′ muß sich also mit der Ware selbst zutragen.

69 K. Marx: ‹*Resultate*›, a. a. O., S. 29.

70 «Wie die Ware selbst Einheit von Gebrauchswert und Wert muß ihr Produktionsprozeß selbst Einheit von Arbeitsprozeß und Wertbildungsprozeß sein». K. Marx: ‹*Kapital I*›. MEW Bd. 23, S. 201.

71 Ebd.; S. 195.

72 H. Berg: ‹*Ökonomische Grundlagen der Bildungsplanung*›. Berlin 1965, S. 29.

73 I. Illich: ‹*Plädoyer für die Abschaffung der Schule*›. In: *Kursbuch* 24, S. 1.

74 Ebd.

75 F. Janossy: ‹*Das Ende der Wirtschaftswunder. Erscheinung und Wesen der wirtschaftlichen Entwicklung*›. Frankfurt am Main 1966.

76 Ebd., S. 11.

77 Ebd., S. 12.

78 Ebd., S. 146.

79 Ebd., S. 234.

80 Ebd., S. 226.

81 Ebd., S. 234.

82 Ebd., S. 228.

83 Ebd., S. 241.

84 Ebd., S. 250.

85 Ebd., S. 187.
86 Ebd., S. 20.
87 Ebd., S. 242.
88 Ebd., S. 241.
89 Ebd., S. 250f.

3 Die Akkumulationstendenzen des Kapitals und die Entwicklung der Qualifikationsanforderungen

Wir haben uns im zweiten Abschnitt mit der inhaltlichen Funktion des Ausbildungssystems beschäftigt. Es ging um die Frage, wieweit in der Funktion, die das Ausbildungssystem ökomomisch erfüllen soll, die Bedingungen der Krise des Ausbildungssystems selbst angelegt sind. Wir haben als Inhalt der Funktion drei verschiedene Ebenen der Qualifikation bestimmt:

– Intensivitätsqualifikationen. Sie stellen entgegen dem Anschein gleichsam die Substanz der Arbeitsqualifikationen im Kapitalismus dar (z. B. Fleiß, Ausdauer, Durchhaltevermögen).

– Produktive Qualifikationen. Sie ergeben sich aus der technologischen Struktur des spezifischen Arbeitsprozesses (z. B. Geschicklichkeit, Arbeitserfahrung usw.).

– Innovative Qualifikationen. Das sind wissenschaftliche Qualifikationen, die durch den technischen Fortschritt als Randbedingungen der industriellen Produktion entstehen.

Wir haben festgestellt, daß die verselbständigte Produktion von Qualifikationen – nicht im Arbeitsprozeß, sondern in einem Ausbildungssystem – sowohl strukturelle Bedingung der kapitalistischen Produktionsweise selbst ist wie auch strukturelle Bedingung der Krise des Ausbildungssystems. Das System ist daher, solange der Kapitalismus noch existiert, nicht abzuschaffen, ebensowenig wie die krisenhaften Bedingungen, unter denen es sich reproduziert. Das System kann mit anderen Worten seine Funktion voll nicht erfüllen. Das Funktionsverhältnis, innerhalb dessen es sich reproduzieren soll, ist dazu zu instabil. Es stellt sich darum die Frage nach der Funktions*erfüllung* des Systems. Wie sieht unter den herrschenden Bedingungen die *graduelle* Fähigkeit des Systems aus, seine Funktion zu erfüllen?

Die Frage nach der Funktionserfüllung kann nicht abstrakt geklärt werden. Mit der Entwicklung des Kapitalverhältnisses werden sich die Funktionsanforderungen verändern, auch wenn die Funktion, die zugrunde liegt, die gleiche bleibt.

Entscheidend ist dabei die Entfaltung der Produktivkräfte, die technologische Entwicklung, mit der die Qualifikationsanforderungen stofflich verändert werden.

Würde von konstanten Produktivkräften ausgegangen, würde also nicht der Aspekt der Veränderung der stofflichen Struktur des Produktionsprozesses und seiner Wertzusammensetzung berücksichtigt werden, so käme man letztlich zu einem harmonistischen Weltbild. Langfristig könnte unterstellt werden, daß sich das Ausbildungssystem auf die einmal gegebene und dann nicht mehr veränderte technische Struktur des Arbeitsprozesses einpendelt. Über kurz oder lang müßte sich eine Harmonie zwischen der Produktion von Qualifikation und ihrer Absorption im Produktionsprozeß herstellen.

3.1 Durchsetzung von Qualifikationsanforderungen

Die Form der Durchsetzung veränderter und wachsender Produktivkräfte der Arbeit, die Form des technischen Fortschritts, stellt sich im Kapitalismus prinzipiell als die Produktion des relativen Mehrwerts dar.

Auf der rein begrifflichen Ebene bezeichnet sie das dynamische Verhältnis von variablem Kapital, konstantem Kapital und Mehrwert. Wachsen die Produktivkräfte, so werden die Produktenmassen vergrößert, die mit gleichem Arbeitsaufwand geschaffen werden. Im Reproduktionsprozeß, in dem diese Produktenmassen direkt oder indirekt in die Reproduktion der Arbeitskraft eingehen, reduzieren sie daher den Wert der Ware Arbeitskraft, weil der Arbeiter einen konstanten Konsumstandard mit fallendem Arbeitsaufwand produzieren kann. Der Anteil des variablen Kapitals am Wertprodukt der Arbeit fällt. Damit wächst der andere Teil des Wertprodukts, der Mehrwert, *relativ*: Der Ausbeutungsgrad steigt.

Dabei ist der fallende Wert der Arbeitskraft nicht Motiv der Produktion des relativen Mehrwerts, sondern nur Resultat. Sein treibendes Moment ergibt sich aus der Dialektik der Wertbestimmung. Technologisch ist sie gegeben durch den Charakter der Durchschnittsarbeitskraft, das heißt durch eine Arbeitskraft, «die zur Produktion einer Ware nur die im Durchschnitt notwendige oder gesellschaftlich notwendige Arbeitszeit braucht»[1]. Es ist klar, daß die durchschnittlich notwendige Arbeitszeit hauptsächlich vom technologischen Niveau des Arbeitsprozesses abhängt und daß die durchschnittlich notwendige Arbeit, die zur Produktion einer bestimmten Ware aufgewandt werden muß, mit wachsender Produktivkraft der Arbeit abnimmt.

– Gesellschaftlich ist sie gegeben durch die Proportion, in der sich eine bestimmte Warenart als Summe von Gebrauchswerten auf ein gesellschaftliches Bedürfnis bezieht, daß diesen Gebrauchswert nachfragt[2]. Wird insgesamt zuviel von einer bestimmten Warenart produziert, so ist zuviel gesellschaftliche Arbeit auf die Produktion dieser Ware verausgabt worden. Der «Marktmagen» vermag die Warenmenge insgesamt nicht mehr zu absorbieren, jede Ware ist für sich partiell entwertet.

Das Motiv, daß zur Produktion des relativen Mehrwerts treibt, ist die

Realisation von Extraprofiten. Entscheidend ist für uns die Tatsache, daß zwischen dem individuellen Wert einer Ware und ihrem gesellschaftlichen Wert (landläufig: Marktwert) eine Differenz entsteht, wenn die Produktivkraft der Arbeit, die diese Ware produziert hat, über den gesellschaftlichen – in diesem Fall technologischen – Durchschnitt steigt.

Dann fällt der individuelle Wert dieser Ware unter den gesellschaftlichen Wert. Gelingt es einem Kapital, solche Waren zu produzieren, dann kann es sie unter ihrem gesellschaftlichen Wert, aber über ihrem individuellen Wert verkaufen, es kann, konkurrierend mit anderen Kapitalen, zugleich seinen Absatz erhöhen und Extraprofite einstreichen.

Entscheidend für die Durchsetzung steigender Produktivkräfte und damit veränderter Qualifikationsanforderungen ist hier, daß sie nur durch die Konkurrenz der einzelnen Kapitale zustande kommt – nur dann, wenn ein Kapital den anderen konkurrierenden Kapitalen mit seiner Produktivkraft vorausläuft. Die Konkurrenzsituation aber zwingt auch die anderen Kapitale, dem vorpreschenden Kapital hinterherzulaufen, um dessen Produktivität ebenfalls zu erreichen, sonst laufen sie Gefahr, vom Markt verdrängt zu werden und bankrott zu gehen.

Erst der zweite Schritt, die Verallgemeinerung des technischen Fortschritts durch die Konkurrenzsituation, führt jetzt zu allgemein steigenden Produktivkräften und wachsenden Gebrauchswertmassen. Reproduzieren sich die Arbeitskräfte auf konstantem Konsumtionsniveau, dann hat sich der Teil des Arbeitstags, der zu ihrer eigenen Reproduktion notwendig ist, verkürzt.

Motiv der Produktion des relativen Mehrwerts ist die Produktion von Extraprofiten, Resultat ist ein wachsender Verwertungsgrad des Kapitals, denn der Teil des Tages, den die Arbeiter für das Kapital arbeiten, hat sich verlängert.

Motiv und Resultat widersprechen sich. Motiv ist die Realisierung von Extraprofiten, das Resultat ergibt sich praktisch aber erst dann, wenn die Produktivitätssteigerung generell durchgesetzt worden ist, die Differenz zwischen individuellem und gesellschaftlichem Wert wieder aufgehoben worden ist, die Realisation von Extraprofit nicht mehr möglich ist. Die Form der Durchsetzung wachsender Produktivkräfte ist von entscheidender Bedeutung. Von ihr wird es abhängen, wie groß die Chancen des Ausbildungssystems sind, sich diesen Veränderungen anzupassen und auf den Prozeß der ständigen Veränderung der Nachfrage nach Qualifikation adäquat zu reagieren.

Für die Produktion von Qualifikationen ergeben sich vier Gesichtspunkte, an denen die Funktionserfüllung des Ausbildungssystems überprüft werden kann.

a) Wachsen mit den Produktivkräften die Anforderungen an das Ausbildungssystem? Kann man davon ausgehen, das in der gegenwärtigen Phase, die durch *partielle Automatisierung des Arbeitsprozesses* gekennzeichnet ist, das Qualifikationsniveau steigt?

b) In welchem Tempo setzen sich neue Technologien und Methoden der Arbeit durch; wovon ist dieses Tempo generell abhängig. Wächst das Tempo im Spätkapitalismus?

c) Wie gestaltet sich der Durchsetzungsprozeß? Vollzieht sich die Ablösung alter durch neue Qualifikationen kontinuierlich oder ist sie durch Diskontinuität charakterisiert?

d) Strukturieren sich bei der Ablösung alter Qualifikationen neue, homogene Gruppen von Qualifikationen (Berufe), an denen sich das Ausbildungssystem orientieren könnte, oder löst der Prozeß die tradierten Berufsstrukturen überhaupt auf?

3.2 Bedarfsansatz

Die Bildungsökonomie hat diese Fragen nach dem Tendenzaspekt zunächst mit einem eigenen Modell zu beantworten versucht, das ihrer pragmatischen Entstehungsgeschichte als Hilfsmittel der Bildungsplanung entspricht: dem *«manpower-requirements approach to educational planning»* (*manpower approach*).

In der klassischen Domäne des *manpower approach* geht es darum, den zukünftigen Bedarf an Qualifikationen quantitativ zu ermitteln. Seine Ergebnisse sollen der Bildungsplanung als Entscheidungshilfen für den Ausbau des Ausbildungssystems dienen.[3] Der Grundansatz sieht kurz dargestellt so aus[4]:

1. Schätzung des Bruttosozial- oder Bruttoinlandprodukts oder, falls es sich um ein Entscheidungsmodell handelt, Annahmen über die angestrebte Höhe. (Die Schätzung kann verschieden vorgenommen werden, normalerweise handelt es sich um eine etwas komplizierter ausgehandelte Extrapolation vorhandener Trends.)

2. Schätzung der Nettoproduktionswerte der Wirtschaftsbereiche.

3. Schätzung der Arbeitsproduktivitäten der einzelnen Wirtschaftsbereiche. Je höher die erwartete Arbeitsproduktivität, desto geringer der sektoriale Arbeitskräftebedarf.

4. Schätzung der sektorialen Berufsklassenstruktur. Dieser Schritt ist erforderlich, weil die einzelnen Berufe eine unterschiedliche Qualifikationsstruktur aufweisen.

5. Die Besetzung eines bestimmten Berufes pro Sektor ergibt, addiert über alle Sektoren, den Gesamtbedarf an Arbeitskräften in diesem Beruf.

6. Schätzung der für jeden Beruf erforderlichen Qualifikationsstruktur (nach Bildungsniveau eventuell darüber hinaus spezifiziert nach Ausbildungsart usw.).

7. Die Addition eines bestimmten Bildungsniveaus bzw. einer bestimmten Fachrichtung für alle Sektoren ergibt den erforderlichen Bestand an Arbeitskräften eines bestimmten Bildungsniveaus.

8. Transformierung der Bestandsgrößen in Strömungsgrößen. Der Anspruch an das Bildungswesen (Bildungsbedarf) eines Prognosezeitraumes besteht aus der Bestandsänderung an Arbeitskräften zuzüglich der während des Prognosezeitraums aus dem Arbeitsprozeß ausscheidenden Arbeitskräfte.

9. Um den gesamten Bildungsbedarf für eine bestimmte Bildungsstufe bzw. Fachrichtung berechnen zu können, müssen, da nicht alle Ausgebildeten nach Arbeit suchen werden (das gilt insbesondere für Frauen), entsprechende Erwerbsquoten geschätzt werden. Die Division von 8. und 9. ergibt dann den totalen Bedarf an Ausgebildeten einer bestimmten Bildungsstufe bzw. Fachrichtung. Das Modell hat Schwächen, die die Bildungsökonomie selbst mit ihrem immanenten Kritikansatz zutage fördert: Beim dritten Schritt, der Schätzung der Arbeitsproduktivitäten der einzelnen Wirtschaftsbereiche muß notwendig von der qualitativen Veränderung der Qualifikationsstruktur abstrahiert werden. Der Arbeitsproduktivitätsbegriff der Nationalökonomie drückt nur das quantitative Verhältnis zwischen dem *input* des Faktors Arbeit und dem *output* an Produkten aus. Das qualitative Verhältnis zwischen der Arbeitskraft und den Produktionsmitteln liegt außerhalb seiner Reichweite. Das Modell unterstellt deshalb eine «autonome Entwicklung des Kapitalstocks»[5], obwohl sich doch gerade die Notwendigkeit des «manpower approach» daraus ergibt, daß der Kapitalstock, daß heißt im wesentlichen Maschinen, nicht unabhängig von der Kapitalstruktur einsetzbar ist und sich darum auch nicht unabhängig von ihr entwickeln läßt. In Wirklichkeit wird die Arbeitsproduktivität von der Veränderung der Qualifikationsstruktur der Arbeitskräfte beeinflußt, zum Beispiel kann die Arbeitsproduktivität mit der relativen Zunahme qualifizierterer und der Abnahme weniger qualifizierter Arbeitskräfte zunehmen. Daher kann sowohl die spätere Anwendung der Prognosen des *manpower approach* als Entscheidungsmodell in der Bildungsplanung als auch seine Nichtanwendung die Entwicklung der Arbeitsproduktivität nachträglich in einem Maße beeinflussen, das das Modell selbst nicht mehr kontrolliert.

Der vierte Schritt, die Schätzung der sektorialen Berufsklassenstruktur ist ebenfalls ein Problem. Sie muß auf der Basis empirischer Daten des Ausgangsjahres vorgenommen werden; ist daher nur dann richtig, wenn Angebot und Nachfrage von Qualifikationen innerhalb des Sektors während des Ausgangsjahres ausgeglichen sind. Ein Mangel an Qualifikationen während des Ausgangsjahres würde zur Unterschätzung des Bedarfs an diesen Qualifikationen führen. Der Mangel würde – statt behoben zu werden – in die Zukunft fortgeschrieben.[6] Der sechste Schritt, die Schätzung der für jeden Beruf erforderlichen Qualifikationsstruktur, hängt eng mit den Schritten 1. und 4. zusammen. Der Bedarfsansatz ist nur in engsten Grenzen in der Lage, die Berufsqualifikationen als Ausbildungsqualifikationen zu definieren, *«to turn occupational needs into educational needs»* (Blaug), denn das Ausbildungssystem verleiht hauptsächlich formelle Qualifikationsbeweise (Volksschulabschluß, Abitur usw.), in denen über den Beruf ihrer Träger noch sehr wenig ausgesagt ist.[7] Er scheitert an der Konstruktion konkreter Planungsdaten für den Ausbildungsbereich. Gleichwohl sind die Mängel dieses Schritts für die Funktionsfähigkeit des Modells von großer Bedeutung, paradoxerweise: Geht das Modell prognostisch von einer starken Zunahme der Arbeitsproduktivität in einem bestimmten Sektor der Volkswirtschaft aus, so muß es zu dem Schluß kommen, daß die Nachfrage nach Arbeitskräften in diesem Sektor in der Zukunft nachlassen wird, denn «Arbeitsproduktivität» und «Arbeitseinsatz» verhalten sich reziprok zueinander. Je höher also die Arbeitsproduktivität, desto geringer die Nachfrage nach Arbeitskräften. Wird das Modell jetzt zur Entscheidungsgrundlage der Bildungsplanung, so werden konsequenterweise weniger Arbeitskräfte für diesen Sektor geplant. Nun könnte aber die hohe Arbeitsproduktivität in diesem Sektor, von der das Modell extrapolativ nun einmal ausgehen muß, Resultat einer ständigen Überbesetzung dieses Sektors mit qualifizierten Arbeitskräften sein. Konsequenz der Anwendung der Prognose wäre jetzt ein verringertes Angebot an qualifizierten Arbeitskräften in diesem Sektor. Die Arbeitsproduktivität in diesem Sektor würde nachlassen. Die Prognose würde nicht mehr stimmen. Das Modell wäre unbrauchbar geworden. Dafür, daß die Anwendung des *manpower approach* (z. B. das Mittelmeerprojekt der OECD) nicht zum Zusammenbruch der Bildungspolitik führt, liegt – Glück im Unglück – am methodischen Scheitern des sechsten Schritts, der Abstraktheit von produzierten Qualifikationen unter den Bedingungen des Kapitalverhältnisses. Das gilt in eingeschränktem Maße auch für viele Universitätsabschlüsse.

In der Lehrlingsausbildung, wo tatsächlich Qualifikationsgrenzen gesetzt werden, die zugleich Berufsgrenzen darstellen und die sich nicht nur durch die vermittelten Qualifikationen auszeichnen, sondern zugleich durch jene Qualifikationen, deren Vermittlung ausgeschlossen ist, weil sie die «ursprünglichen und erstrangigen Erwerbszwecke des Betriebes stört»[8], ist der *manpower approach* bildungsplanerisch nicht anwendbar. Die Lehrlingsausbildung ist kein Bestandteil des Ausbildungssystems, kann daher nicht verplant werden.

Das Modell ist daher bei der Erstellung von Planungsdaten für das Ausbildungssystem auf sehr abstrakte Klassifikationen des Bedarfs zurückgeworfen, wie zum Beispiel Bildungsniveau und Fachrichtung. Die Planungsdaten, mit denen politisch schließlich gearbeitet wird, wie zum Beispiel die Planung der Abiturientenquote, umfaßt am Ende sehr viele einzelne Berufe. Die Fehlprognose für einen Beruf ist daher leicht auszugleichen, außerdem besteht die Chance, daß sich die Fehlprognosen gegenseitig kompensieren. Mit anderen Worten: die Funktionsfähigkeit des Modells ist nur dadurch garantiert, daß es nicht so gut funktioniert, wie es funktionieren will.

Die prinzipielle Widersprüchlichkeit des *manpower approach* deutet auf ein nicht nur technisches Versagen des Modells, sondern auf eine grundlegende Schwäche des Ansatzes. Das Modell geht von dem Arbeitsproduktivitätsbegriff der Nationalökonomie aus, die ihn, im Gegensatz zur Kritik der politischen Ökonomie, als ein rein äußerliches Verhältnis, dem Quotienten zwischen dem Arbeitseinsatz (*input*) und dem produzierten Gütern (*output*) auffaßt. Mit diesem Begriff kann daher nicht auf das qualitativ veränderte Funktionsverhältnis Bezug genommen werden, das sich notwendig mit der Veränderung der Produktivkraft der Arbeit ergeben muß. Resultat ist, daß man die entscheidenden Größen des Modells, besonders die Kategorie «Berufsstruktur», vollkommen statisch auffaßt, während sich in Wirklichkeit Berufe wie Berufsbilder ständig verändern. Die Setzung des Arbeitsproduktivitätsbegriffs als einem rein quantitativen Verhältnis macht es unmöglich, das qualitative Problem, nämlich die Veränderung der Qualifikationsanforderungen mit wachsender Produktivkraft der Arbeit in den Griff zu bekommen.

Der *manpower-requirements approach to educational planning* soll innerhalb der Bildungsplanung als praktische Antwort auf die Probleme der Bildungskrise fungieren, die wir mit Coombs «Weltbildungskrise» genannt haben. Daß er sie pragmatisch zu lösen verspricht – ohne sie theoretisch zu problematisieren –, legitimiert ihn als Planungsansatz im Kapitalismus. Wir haben gezeigt, daß er als praktischer Lösungsversuch versagen muß. Als theoretische Antwort auf die von uns aufgestellten Kriterien scheidet er aus, da er die Frage nach den qualitativen Veränderungen der Qualifikationsstruktur gar nicht stellt. Die Frage a) von S. 82 nach dem Verhältnis von Produktivkräften und Produktionsleistung an das Ausbildungssystem behandelt er, ohne einen Begriff der Sache zu entwickeln, jeweils empirisch mit wechselnden wie umstrittenen Resultaten. Die Frage b) nach dem Tempo der Durchsetzung neuer Technologien übernimmt er aus der Prognostik der Wachstumstheorie, sie liegt außerhalb seines Ansatzes.

Die Bildungsökonomie weiß, daß Prognosen der Arbeitsproduktivität, die unabhängig von der Arbeitskräftebedarfsentwicklung erfolgen, unvollständig sein müssen, das ist einer der Gründe für das Entstehen der neueren Bildungsökonomie überhaupt.

Gleichwohl muß sie mit dem Geburtsfehler ihres Modells leben. Das deutet auf die Dysfunktionalität des untersuchten Verhältnisses – außerhalb der Theorie im engeren Sinne. Auch die Frage c) nach dem Charakter des Durchsetzungsprozesses läßt sie im wesentlichen unbeantwortet.

Die Frage d) nach den Berufsgruppen kann sie, daß ist oben ausführlich begründet worden, ebenfalls nicht beantworten. Innerhalb des Theoriebildungsprozesses erweist sich der *manpower approach* daher als unbrauchbar.

3.3 Drei-Phasen-Modell des technischen Fortschritts

Innerhalb der Bildungsökonomie wird, wenn sie vom unmittelbaren Planungsimperativ abweicht, das Drei-Phasen-Schema der Industriesoziologie diskutiert, mit dem diese versucht, die Entwicklung eines generellen Qualifikationsniveaus zu beschreiben.

Die *erste Phase* ist die der vorindustriellen Produktionsweise mit ihren handwerklich geprägten Arbeitsformen. Sie zeichnet sich durch hohe, vielseitige und souveräne Beherrschung des gesamten handwerklichen Arbeitsprozesses durch das arbeitende Subjekt aus. Ihr Vorbild ist der Meister der Zunft.

Die *zweite Phase* ist die der klassischen industriellen Produktionsweise, die durch «repetetive Teilarbeit» gekennzeichnet ist (z. B. die immer wieder gleiche Bewegungsabfolge eines Arbeiters am Fließband). Der industrielle Arbeiter «ist gezwungen, sich an Arbeitsvorgängen zu beteiligen, die jeder geistigen Qualität entleert sind»[10].

Die industrielle Arbeit der zweiten Phase erfährt also im Vergleich zur ersten ihre totale Dequalifikation. «Ihr wird der jedes Dispositionsspielraums beraubte, fremdbestimmte Arbeiter zugeordnet, der unter starker physischer und psychischer Beanspruchung eine auf Details beschränkte, unqualifizierte, repetetive Teilarbeit erledigt.»[11]

Während die zweite Phase durch die industrielle Werkzeugmaschine und das «Taktsystem»[12] zu charakterisieren ist, die sich den Arbeiter als regelndes und kontrollierendes Moment einverleibt, ist die *dritte Phase* dadurch gekennzeichnet, daß die *unmittelbare* Regelung und Kontrolle des Arbeitsvollzugs jetzt von der Maschinerie selbst oder einem ihr integralen Bestandteil, dem «Regler» vollzogen wird. Die Ergänzung des dreiteiligen Maschinenmodells durch den Regler wird im allgemeinen als

Automation beschrieben.

Aus der Tatsache, daß der Arbeiter im Arbeitsprozeß der dritten Phase nur noch vermittelt, als Regler und Kontrolleur der Regel- und Kontrollautomaten in den Produktionsprozeß eingreift, er selbst von der unmittelbaren technischen Dominanz der Werkzeugmaschine und des Taktsystems befreit ist, schließen zum Beispiel R. Blauner und auch A. Touraine auf eine «Requalifizierung» der Arbeit, wobei «soziale Qualitäten wie Verantwortung als die entscheidenden Qualifikationskomponenten erscheinen»[13]. «Die dominierende Arbeitsanforderung ist nicht mehr manuelle Geschicklichkeit, sondern Verantwortlichkeit. An Stelle des Facharbeiters [*able workman*], der benötigt wurde, solange es die Aufgabe des Arbeiters im Produktionsprozeß war, Fertigkeiten zur Verfügung zu stellen, wird jetzt in der automatisierten Industrie ein zuverlässiger Arbeiter [*reliable employee*] gebraucht, der ein beträchtliches Maß von Verantwortung zu übernehmen fähig ist.»[14]

Die Requalifizierungsthese, die sich ja im wesentlichen auf eine *technische Logik* des Arbeitsprozesses stützt, wird von dem gleichen Funktionsmodell des Arbeitsprozesses her wieder in Frage gestellt, denn «die Ratio der technischen Entwicklung besteht darin, die Eigenfähigkeit der Produktionsapparatur mehr und mehr zu erweitern»[15].

Zwar lassen sich empirisch viele Beispiele für automationsbedingte Qualifikationszunahmen finden, gleichwohl kommt unter anderem Bright in seiner Studie ‹*Automation and Management*› zum Ergebnis, daß «Automation [...] nicht notwendig unqualifizierte Arbeit auflöst und/oder mit übergroßen Umschulungsproblemen verbunden ist. Im Gegenteil reduziert die Automation oftmals den Einfluß des einzelnen Arbeiters an der Maschine. Die automatisierte Maschine stellt weniger oder zumindest keine neuen Qualifikationsanforderungen an den Produktionsarbeiter, wenn ein gewisser Mechanisierungsgrad erreicht ist.»[16]

Die Aussagen der Industriesoziologie sind also widersprüchlich. Entschieden wird die Position vertreten, daß mit der Automation eine Requalifizierung der Arbeit zu erwarten ist. Ebenso entschieden gibt sich die Gegenposition, die besagt, daß die Automation den Dequalifizierungsprozeß der Industriearbeit fortsetzt.

Die Schwierigkeit der Bestimmung eines wie auch immer objektiven Trends zur Dequalifikation oder Requalifikation ist besonders für die Bildungsökonomie bedauerlich. Wäre nämlich auszumachen, inwieweit mit der historischen Entwicklung die Anforderungen an die gesellschaftlichen Ressourcen des Arbeitsvermögens nicht nur einer qualitativen, sondern auch einer *quantitativen* Veränderung unterliegen – in Richtung auf ein steigendes oder auch in Richtung auf ein fallendes Qualifikationsniveau – so wäre damit das komplexe und schwer auf den Begriff zu bringende Verhältnis von Ausbildung und Produktion auf der Basis einer einfachen Teillösung ansatzweise geklärt. Es ist selbstverständlich, daß ein generell wachsendes Qualifikationsniveau nichts anderes heißen kann, als generell wachsende Anforderungen an das Ausbildungssystem. Mit der Fixierung eines quantitativen Entwicklungstrends der Qualifikationsanforderungen wäre also folgendes gelöst: die Entwicklung des Ausbildungssystems wäre auf einfachste Art vorgezeichnet.[17]

Der Widerspruch, in den sich die Industriesoziologie bei dem Versuch der Trendbestimmung begibt, scheint nicht einfach an der Falsifikationsproblematik der De- oder Requalifizierungshypothese zu liegen. «Die Umwälzung der gesellschaftlichen Betriebsweise, dies notwendige Produkt der Umwandlung des Produktionsmittels, vollzieht sich in einem bunten Wirrwarr von Übergangsformen.»[18] Marx deutet hier auf den Doppelcharakter der Sache selbst hin. Gerade Marx, auf den sich die Industriesoziologie bei der Analyse des Übergangs von der ersten zur zweiten Phase bezieht, hat es darum strikt vermieden, das Qualifikationsniveau beim Übergang von der zweiten zur dritten Phase bestimmen zu wollen. Einmal begründet er das mit dem dynamischen Entwicklungscharakter der Industrie. «Die moderne Industrie betrachtet und behandelt die vorhandene Form eines Produktionsprozesses nie als definitiv. Ihre technische Basis ist daher revolutionär, während die aller früheren Produktionsweisen wesentlich konservativ war. Durch Maschinerie, chemische Prozesse und andre Methoden wälzt sie beständig mit der technischen Grundlage der Produktion die Funktionen der Arbeiter und die gesellschaftlichen Kombinationen des Arbeitsprozesses um. Sie revolutioniert damit ebenso beständig die Teilung der Arbeit im Innern der Gesellschaft und schleudert unaufhörlich Kapitalmassen und Arbeitermassen aus einem Produktionszweig in den andern. Die Natur der großen Industrie bedingt daher Wechsel der Arbeit, Fluß der Funktion, allseitige Beweglichkeit des Arbeiters.»[19] Zum anderen begründet er das mit dem kapitalistischen Charakter des Produktionsprozesses als Verwertungsprozeß: «Man hat gesehn, daß die große Industrie die manufakturmäßige Teilung der Arbeit mit ihrer lebenslänglichen Annexion eines ganzen Menschen an eine Detailoperation *technisch* aufhebt, während zugleich die kapitalistische Form der großen Industrie jene Arbeitsteilung noch monströser reproduziert, in der eigentlichen Fabrik durch Verwandlung des Arbeiters in den selbstbewußten Zubehör der Teilmaschine, überall sonst teils durch sporadischen Gebrauch der Maschinen und der Maschinenarbeit. [...] Sie [reproduziert] in ihrer kapitalistischen Form die alte Teilung der Arbeit mit ihren knöchernen Partikularitäten.»[20]

Es zeigt sich, daß auf Grund des Doppelcharakters der Arbeit und des Produktionsprozesses objektive und eindeutige Aussagen über die Richtung des Qualifikationsniveaus problematisch bleiben. Die Hoffnung der Bildungsökonomie, eine einfache Lösung bei der Industriesoziologie zu finden, erfüllt sich nicht. Die Industriesoziologie gibt keine eindeutigen Aussagen über die Richtung des Qualifikationsniveaus.

Es wird daher notwendig, auf den Durchsetzungsprozeß innovativer Bedingungen der Arbeit Bezug zu nehmen, der ja grundsätzlich auch der Ausgangspunkt der Schwierigkeiten sein muß, vermittels einer Logik des Arbeitsprozesses zu eindeutigen Tendenzbestimmungen zu gelangen.

Im übrigen nehmen technologische Prognosen methodologisch eine Antwort partiell vorweg, beweisen also nur eine unausgesprochene Voraussetzung. Dafür ein Beispiel aus dem Aufsatz von H. Schelsky: *‹Beruf und Freizeit als Erziehungsziele in der modernen Gesellschaft›*.[21] Schelsky lehnt sich an das Dreiphasenmodell an. Über die zweite Phase führt er aus: «Das berühmteste Modell dieser Stufe der Technisierung aber ist das Fließband. Hier müssen in einer stark aufgeteilten, in den Einzelvorgängen stark mechanisierten, ja teilweise schon automatisierten Fertigung die noch erforderlichen manuellen Arbeiten in einem Rhythmus ausgeführt werden, der vom Gang der Maschine her bestimmt ist. [. . .] Je mehr man sich so der Vollautomatisierung nähert, ohne sie ganz zu erreichen, um so geistloser, belastender, monoton-handgriffsmäßiger wird die Arbeit, um so weniger erfordert sie technisches Interesse und Können oder gar eigene Arbeitsinitiative. Dieser Zustand schlägt bei Erreichung der technischen Stufe der Vollautomatisierung völlig um.»[22] Wir erreichen nun die dritte Phase: «Jetzt wird der Arbeiter als Bedienender der Maschinen ganz ausgeschaltet, dafür aber ihnen gegenüber auf ganz andere Leistungen verwiesen: Einstellung, Überwachung, Reparatur. Zur Hauptsache wird der einzelne Arbeiter aber in Zukunft die Kontrolle eines ganzen Komplexes so automatisch arbeitender Apparaturen übernehmen, seine Aufgabe wird in der ständigen Überwachung von Meßapparaturen und ihrer technisch verständnisvollen und bedingt zuverlässigen Regulierung bestehen.»[23]

Sofern es sich nur um eine allgemeine Beschreibung des Arbeitsprozesses handelt, scheinen Schelskys Ausführungen unproblematisch. Er geht aber weiter: «Damit wird die automatische Produktion einen neuen Typus der Arbeit und des Arbeiters schaffen oder – da beides auch schon außerhalb der Automatisierung heute vorhanden ist – doch wesentlich vermehren. Zu den Hauptforderungen dieser Arbeit werden konzentrierte und hochverantwortliche Aufmerksamkeit, technisches Verständnis und Reaktionsgeschick, also Eigenschaften, die den Arbeiter immer mehr in die Nähe des Technikers drängen. [. . .] Diese Tatsache wird neue Wege der Ausbildung und Auslese der Industriearbeiterschaft fordern, wie sie auf der anderen Seite in dieser Arbeiterschaft neue Berufsinteressen schaffen und ihr neue Berufsqualifikationen zuordnen wird.»[24] Schelsky unternimmt hier den zugegebenermaßen essayistischen Versuch einer Einordnung technischer Tendenzen in die Qualifikationsfunktion. Er glaubt angeben zu können, welche Qualifikationen die Zukunft nicht nur bringen, sondern als produktive Leistungen des Ausbildungssektors verlangen wird. Zwei Gründe sprechen gegen die hier prototypisch zitierte Logik der Argumentation. Wird die stoffliche Entwicklung, also Struktur und Veränderung empirischer Arbeitsvollzüge («Damit wird die automatische Produktion einen neuen Typus der Arbeit und des Arbeiters schaffen»[25]) zum Ausgangspunkt der Analyse gemacht, dann ist die Dialektik von Produktionsverhältnissen und Produktivkräften einer ideellen Verkehrung unterworfen. Es hieße letztlich, daß Veränderungen, Innovationen des Arbeitsprozesses als Bestimmungsgrund einer Entwicklung aufgefaßt werden, die sich gesetzmäßig vollzieht.

Nun sind Erfindungen, eben Innovationen, als wesentlich schöpferische Leistungen nicht einfach als Trends extrapolierbar. In der historischen Betrachtung können Innovationen der Produktivkraft der Arbeit selbstverständlich einer bestimmten Entwicklungslogik subsumiert werden, im Sinne etwa von Engels' Randnotiz in der Dialektik der Natur: «Bisher nur geprahlt, was die Produktion der Wissenschaft verdankt, aber die Wissenschaft verdankt der Produktion unendlich viel mehr.» Geht es aber um die Prognose oder auch nur um die Projektion von Entwicklungen, die ausbildungsspezifisch sein sollen, dann impliziert dieser Versuch nicht nur eine technologische Fortschreibung von Erfindungen im allgemeinen, sondern eine präzise Beschreibung der Konsequenzen, die sie – sowohl qualitativ als auch quantitativ – im Arbeitsprozeß auslösen werden.

Diese technische Fortschreibung von Erfindungen ist in sich widersinnig, weil sie vom Projizierenden die Vorwegnahme der Erfindungen verlangen würde, besonders widersinnig aber dann, wenn man von der Historizität von Innovationen ausgeht. Die Konsequenzen, die Schelsky aus seiner Tendenzanalyse ziehen kann, sind daher weitgehend unspezifisch, weder Grad noch Zeitpunkt der Durchsetzung innovativer Veränderungen können angegeben werden: «Zu den Hauptanforderungen dieser Art Arbeit werden konzentrierte und hochverantwortliche Aufmerksamkeit, technisches Verständnis und Reaktionsgeschick, also Eigenschaften, die den Arbeiter immer mehr in die Nähe des Technikers drängen.»[26] Weiter: Selbst wenn das Problem der Prognose einzelner oder globaler Veränderungen gelöst wäre, würde damit die für das Ausbildungssystem ungleich wichtigere Frage vollkommen offen bleiben, in welchen quantitativen Verhältnissen sich Innovationen durchsetzen lassen, denn nur die wirklichen Verschiebungen zwischen verschiedenen Qualifikationsstrukturen werden für die Produktionsleistung des Ausbildungssystems relevant.[27]

Drücken wir die Summe von Kenntnissen und Fähigkeiten des Individuums als Qualifikation (die auf den Produktionsprozeß bezogene Vergesellschaftung des Individuums im Ausbildungsprozeß) stofflich aus, so setzen wir in diesem Moment nicht nur eine gesellschaftliche Funktionsbestimmung des Ausbildungssystems voraus, sondern wir unterstellen, daß sich diese Funktion erfüllt hat. Methodisch bezeichnet Qualifikation dann die Funktions*erfüllung*. Denn: Qualifikation kann nur der Anteil an den Kenntnissen und Fähigkeiten des Individuums sein, der sich im konkreten Arbeitsprozeß als notwendig erweist; sonst würde sich der Begriff im Endlosen verlieren. Wir haben das in Abschnitt zwei gesehen. Qualifikation in diesem stofflichen Sinne auf *ein* Individuum bezogen, setzt daher schon voraus, daß das Individuum einen ihm entsprechenden Arbeitsplatz finden wird. Qualifikation, so auf alle gesellschaftlichen Individuen bezogen, beinhaltet daher die volle Komplementarität von Qualifikationsstruktur und Arbeitsplatzstruktur. Das Ergebnis: ein empirisch begründeter, an einzelnen Individuen gewonnener Qualifikationsbegriff[28], der auf den gesellschaftlichen Reproduktionsprozeß insgesamt übertragen wird, führt zu einem analytischen Modell, daß die Identität von Ausbildung und Produktion voraussetzt und das daher unbrauchbar ist, weil in der kapitalistischen Gesellschaft diese Identität problemlos nicht vorausgesetzt werden darf.

Der stoffliche Ansatz allein, der auf einer nichtvorhandenen Eigenlogik des Arbeitsprozesses aufbaut, könnte darum nicht erklären, warum polytechnische Bildung – die Einheit von Ausbildung und Produktion – im Kapitalismus nicht möglich ist, sondern im Gegenteil die Verselbständigungsform von Bildung und Ausbildung für den Kapitalismus konstitutiv ist und somit die Gefahr ständiger Dysfunktionalität mit sich führt. Aussagen über Dysfunktionalität des Ausbildungssystems blieben daher unspezifisch, im einzelnen muß der Versuch, die Funktion des Ausbildungssystems technizistisch abzubilden, scheitern. Soll die Funktionsbestimmung des Ausbildungssystems den kapitalistischen Charakter der Gesellschaft berücksichtigen, dann muß diese Funktion selbst im Reproduktionszusammenhang des Kapitals als *Wertverhältnis* ausgedrückt werden.

3.4 Technologische Veränderungen des Arbeitsprozesses und Krisenanfälligkeit des Ausbildungssystems

Der Motor der Durchsetzung veränderter materieller Strukturen des Produktionsprozesses, der «Extraprofitmechanismus», wie er in Abschnitt 3.1 entwickelt worden ist, muß also an den Kriterien geprüft werden, die für uns den Grad der Funktionserfüllung des Ausbildungssystems angeben sollen. Über die Beschränkung technologischer Prognosen muß jedenfalls hinausgegangen werden.

Der Durchsetzungsprozeß des relevanten Mehrwerts entfaltet sich nur im Konkurrenzkampf der Kapitale gegeneinander. Die Einführung einer Prozeßinnovation für *ein* Kapital hat zur Voraussetzung, daß entweder die feindlichen, konkurrierenden Kapitale sie bereits eingeführt haben, so daß dieses *eine* Kapital hinterhertraben muß, wenn es nicht zugrunde gehen will, oder umgekehrt, das Kapital ist mit der Einführung der Innovation Spitzenreiter im Kampf um den Extraprofit.

Auf jeden Fall ist die Ungleichzeitigkeit der Durchsetzung der Innovation Voraussetzung des Prozesses, denn nur dann ergibt sich jene Differenz von individuellem und gesellschaftlichem Wert, aus dem die konkurrierenden Kapitale den Extraprofit schlagen. Die Diskontinuität des Prozesses ist daher notwendige Bedingung seines Ablaufs, Anarchie wird prinzipiell die Methode des technischen Fortschritts im Kapitalismus. Es könnte eingewandt werden, daß *diese* Durchsetzungsform des technischen Fortschritts nur für die Phase der «freien Konkurrenz» gilt und daß mit dem Monopol andere Gesetze gelten. Nun ist aber mit der Marktmonopolisierung noch nicht der Konkurrenzkampf überhaupt gestoppt. Mit wachsender Kapitalkonzentration verschiebt sich die Hauptrichtung des Kampfes von der Konkurrenz gleicher Produkte auf die «Substitutionskonkurrenz», das heißt dem Kampf zwischen verschiedenen Märkten. Zum Beispiel ist die Steinkohle als Heizungsmaterial weitgehend vom Mineralöl verdrängt worden. Jetzt hängt der Durchsetzungsgrad einer produktiven Innovation in der Heizölindustrie wie die Einführung neuer Überwachungsverfahren und der dadurch verursachten Umstrukturierung des Qualifikationsbedarfs nicht nur wie früher von der internen Marktkonkurrenz der Mineralölkapitale ab, sondern zugleich auch von der Chance, in den Markt für Kohle einzubrechen. Damit gewinnt der Durchsetzungsprozeß von Innovationen noch größere Beliebigkeit und die Chance, einen homogeneren und kontinuierlichen Umschichtungsprozeß zu erhalten, wird nicht wahrscheinlicher.

Praktisch drückt sich die Ungleichzeitigkeit in der Diskontinuität der Bestimmungsgründe aus, die das Einzelkapital dazu treiben, seinen Produktionsprozeß innovativ zu verändern, und die, auf die Bandbreite des schon technologisch Realisierbaren bezogen, äußerlich erscheinen: Größe des vorgeschossenen Kapitals, Verhältnis seiner Teile zueinander (organische Zusammensetzung), Umschlagszeit des fixen Kapitals, Mengen-Preis-Relationen usw., alle zufälligen oder weniger zufälligen Faktoren sind denkbar, die die Entscheidung des Kapitals beeinflussen können.

So kann ein der Technik und dem Funktionsverhältnis des Arbeitsprozesses völlig äußerlicher Faktor wie die Größe des Marktes für die Einführung der Prozeßinnovation entscheidend sein. In der amerikanischen Autoindustrie sind montierende Prozesse, die bis vor kurzem überhaupt als nichtautomatisierbar galten, von Montagestraßen übernommen, das heißt automatisiert worden.[29] Da die Konstruktion einer Montagestraße stark vom Modell bestimmt ist, ist die Abschreibungsdauer von der Typenpolitik der Konzerne abhängig. Können insgesamt nicht genug Autos eines Typs produziert werden, dann wird die Montagestraße unrentabel, selbst wenn sie wesentlich *produktiver* eingesetzt werden könnte als das alte Verfahren, wie zum Beispiel das Fließband. «Damit im Zusammenhang steht die starke Abhängigkeit der Produktion und ihrer technischen Daten, von der jeweiligen Marktsituation und der Gesamtkalkulation des Unternehmens. Das macht es erforderlich, bei aller Spezialisierung und Normierung der Fertigung eine gewisse Flexibilität im Hinblick auf schwankende Produktionsmengen, die Einführung neuer technischer Details an Automobilen und die Bewältigung völliger Umstellungen auf neue Automobiltypen zu bewahren. Die genaue Erwägung aller Kosten- und Ertragsfaktoren bestimmt in diesem Rahmen weitgehend über Art, den Umfang und den Zeitpunkt der tatsächlichen Realisierung von technisch möglichen Lösungen der Fertigungsprobleme.»[30]

Bedingungen technologischer Veränderungen und damit veränderter Qualifikationsanforderungen sind daher prinzipiell die einer nicht einheitlichen Prozeßstruktur der Produktion. Der Durchsetzungsmechanismus ist anarchisch, die Formen, in denen sich der technische Wandel und damit die Ablösung von Qualifikationen durch neue vollzieht, sind nicht-homogen und nicht-kontinuierlich.

Prinzipiell herrscht Diskontinuität, denn die Ablösung von Qualifikationen durch neue ist abhängig von der technischen Struktur des Arbeitsmittels, die Ablösung des Arbeitsmittels durch ein neues ist abhängig von der Profit- und Rentabilitätsberechnung des Einzelkapitals auf der Oberfläche der Preisbewegungen innerhalb des kapitalistischen Gesamtprozesses. Sie hängen nicht von der Produktivität der Arbeit ab, sondern von den, den Produktivkräften selbst äußerlichen, Wert- und Preiszusammensetzungen.

Aus der Diskontinuität des Prozesses ergibt sich die Auflösung alter Berufsstrukturen, denn was für eine einzelne Qualifikation gilt, die durch eine neue Anlage überflüssig gemacht respektive gefordert wird, das gilt auch für ein Bündel von Qualifikationen, das den Beruf konstituiert. Sollen sich – innerhalb des unmittelbaren Produktionsprozesses – einzelne produktive Qualifikationen auf einzelne Anlagen beziehen, so wäre Beruf formal zu definieren durch die objektive oder subjektive Kombination von Anlagen an einem Arbeitsplatz. Auch diese müssen in der Kostenrechnung, die keine Veränderung selbst hervorbringt, aber über jede entscheidet, nicht als Einheit erscheinen, so wie sie sich technologisch als Arbeitsplatz darstellen. Die Kombination von Werkzeugen oder Maschinen, die einen Arbeitsplatz ergeben, kann wechseln, selbst wenn es sich um die gleiche Anlage handelt, die bei den konkurrierenden Kapitalen eingeführt wird, denn das könnte zu je wechselnden Kombinationen der Anlagen untereinander führen.[31]

Der Konkurrenzmechanismus, Bedingung der Durchsetzung von Innovationen, produziert daher prinzipiell auch Inhomogenität in der Struktur der Qualifikationen. Diese vorläufige Antwort auf die Kriterien von 3.1 ist hier jedoch nicht mehr als ein methodisches Konzept und noch keine Theorie, denn erstens wird noch nicht beantwortet, inwieweit sich mit Bezug auf die weitere Akkumulation des Kapitals eine Tendenz ergibt, die auf den Durchsetzungsprozeß von Qualifikationen Einfluß hätte. Zweitens ist mit dem Prinzip noch nichts über das Ausmaß der Konsequenzen ausgesagt, die sich daraus für die gegenwärtige Entwicklung ergeben.

3.5 Fixes Kapital und Qualifikationsanforderungen

Daher muß jetzt die wesentliche Größe, die die technologische Veränderung des Produktionsprozesses und damit die Qualität der Arbeit determiniert, das *fixe Kapital*, näher betrachtet werden.

Das fixe Kapitel ist der Wertausdruck für den objektiven Faktor des Produktionsprozesses, die Produktionsmittel einschließlich der Gebäude.

Unter den Bedingungen der industriellen Produktion ist für die Struktur des Arbeitsvermögens das Verhältnis von Arbeitskraft und Produktionsmitteln entscheidend. Der Kapitalist tritt mit seinem Kapital auf den Warenmarkt, der für ihn in zwei verschiedene Märkte aufgeteilt ist, den Markt für Arbeitskräfte und den für Produktionsmittel. Seine Entscheidung auf beiden Märkten ist zunächst von der Warenart abhängig, die er produzieren will oder produzieren muß, um maximale Profite einzustekken.

Abgesehen davon steht das Kapital den Gebrauchswerten, in denen es sich als Warenkapitel vergegenständlichen soll, prinzipiell gleichgültig gegenüber, die Entscheidung über die «Kombination der Produktionsfaktoren» kann sich daher auf jeden Gebrauchswert beziehen. Marx geht im ‹*Kapital*› davon aus, daß das technische Verhältnis, in dem der Kapitalist Arbeitskräfte und Produktionsmittel kombiniert, «quantitativ und qualitativ gegeben ist.»[32]

«Es sind einerseits Produktionsmittel, andererseits Arbeitskraft, sachliche und persönliche Faktoren der Warenproduktion, deren besondere Art natürlich der Sorte des herzustellenden Artikels entsprechen muß. [. . .] Quantum wie Umfang der zu kaufenden Produktionsmittel müssen hinreichen zur Anwendung dieser Arbeitermasse.

$G - W \genfrac{}{}{0pt}{}{A}{Pm}$ drückt also nicht nur das qualitative Verhältnis aus, eine bestimmte Geldsumme, [. . .] in einander entsprechende Produktionsmittel und Arbeitskraft umgesetzt wird, sondern auch ein quantitatives Verhältnis zwischen den in Arbeitskraft A und den in Produktionsmitteln Pm ausgelegten Teilen des Geldes.»[33]

Marx geht mit anderen Worten davon aus, daß das Verhältnis zwischen den beiden Faktoren *limitiert* ist, das heißt, daß der eine Faktor nicht beliebig gegen den anderen substituiert (ersetzt) werden kann. Die Annahme der Begrenztheit, die Marx hier trifft, ist zwar eine Abstraktion, denn das individuelle Kapital hat innerhalb eines gewissen Spielraums sicherlich die Möglichkeit, den Einsatz von Produktionsmitteln durch Arbeitskräfte oder umgekehrt zu kompensieren, aber dieser Einwand gilt nur auf der Basis wechselnder Mengen-Preis-Relationen. Bei gegebener Größe des vorgeschossenen Kapitals gibt es jedoch eine bestimmte optimale Kombination der Faktoren, «optimal» natürlich bezogen auf die Verwertung des Kapitals.

Ist das Verhältnis in jedem einzelnen Fall limitiert, dann hängt die Qualifikation der Arbeitskräfte, die sich gegen das variable Kapital austauschen müssen, auch ökonomisch – auf der Wertebene – nicht mehr wesentlich vom «subjektiven Arbeitskörper», sondern von der Funktionsveränderung des Werkzeugs – ökonomisch des *fixen Kapitals* – ab. Die Qualifikation der Arbeitskräfte ist durch die Funktion und die Bedienungscharakteristika der Maschinerie gegeben. Sie ist damit jetzt nicht nur technisch, sondern ökonomisch bereits vorausgesetzt, sie erscheint ökonomisch als komplementäre Funktion des fixen Kapitals.

Der Tendenzaspekt, die Frage nach der Qualifikationsstruktur in der aktuellen Entwicklung, läßt sich daher konkreter an einem Moment der Kapitalbewegung, dem fixen Kapital, direkt fassen.[34]

Wesentlich für den Tendenzaspekt, also für die Frage, inwiefern sich die Kategorie des fixen Kapitals im Hinblick auf Qualifikationstendenzen systematisieren läßt, ist a) die relative Größe des fixen Kapitals, b) seine Lebensdauer sowie seine Umschlagszeit.

Systematisch sind die beiden Tendenzen innerhalb der Marxschen Formulierung des Gesetzes vom tendenziellen Fall der Profitrate erfaßt. Es wird darum kurz auf die interessierenden Aspekte dieses Gesetzes eingegangen.

Ausgangspunkt des tendenziellen Falls der Profitrate ist die Steigerung der Produktivkraft der Arbeit, das heißt der Produktion des relativen

Mehrwerts. Da die Entfaltung und Erweiterung der Produktivkräfte der Arbeit von einer kritischen Schwelle nur durch die Überwindung organischer Schranken des subjektiven Organismus, das heißt der Erweiterung der Eigenfunktionen der Maschinerie möglich wird, muß mit den Produktivkräften letztlich auch die technische Zusammensetzung wachsen.

Der Anteil des konstanten Kapitals am fungierenden Kapital muß daher zunehmen. Ein längeres Zitat aus dem Reproduktionsabschnitt des ‹*Kapital*› soll den etwas komplizierten Zusammenhang verdeutlichen: «Alle Methoden zur Steigerung der gesellschaftlichen Produktivkraft der Arbeit, die auf dieser Grundlage erwachsen, sind zugleich Methoden der gesteigerten Produktion des Mehrwerts oder Mehrprodukts, welche seinerseits das Bildungselement der Akkumulation in sich tragen. Sie sind zugleich Methoden der Produktion von Kapital durch Kapital oder Methoden seiner beschleunigten Akkumulation. Die kontinuierliche Rückverwandlung von Mehrwert in Kapital stellt sich dar als wachsende Größe des in den Produktionsprozeß eingehenden Kapitals. Diese wird ihrerseits Grundlage einer erweiterten Stufenleiter der Produktion, der sie begleitenden Methoden zur Steigerung der Produktivkraft der Arbeit und beschleunigter Produktion von Mehrwert. Wenn also ein gewisser Grad der Kapitalakkumulation als Bedingung der spezifisch kapitalistischen Produktionsweise erscheint, verursacht die letztere rückschlagend eine beschleunigte Akkumulation des Kapitals. Mit der Akkumulation des Kapitals entwickelt sich daher die spezifisch kapitalistische Produktionsweise und mit der spezifisch kapitalistischen Produktionsweise die Akkumulation des Kapitals. Diese beiden ökonomischen Faktoren erzeugen, nach dem zusammengesetzten Verhältnis des Anstoßes, den sie sich gegenseitig erteilen, den Wechsel in der technischen Zusammensetzung des Kapitals, durch welchen der variable Bestandteil immer kleiner und kleiner wird verglichen mit dem konstanten.»[35]

Von systematischer Bedeutung ist der tendenzielle Fall der Profitrate für uns deshalb, weil im Wachstum der organischen Zusammensetzung des Kapitals zugleich und wesentlich das Wachstum seines fixen Bestandteils mit eingeschlossen ist, und weil andererseits, als Reaktiv dieses Falls, jedes Kapital versuchen muß, den Umschlag seiner einzelnen Bestandteile zu beschleunigen. An diesem Punkt ist es wichtig, auf den Unterschied zwischen Profit- und Mehrwertrate hinzuweisen. Die *Mehrwertrate* bezieht die absolut produzierte Mehrwertmasse auf das variable Kapital, sie gibt damit die Teilung des Arbeitstages in den zur Reproduktion der Arbeitskräfte notwendigen und den Mehrarbeitstag an. Die *Profitrate* bezieht die Mehrwertmasse auf das insgesamt vorgeschossene Kapital, das heißt jene Kapitalsumme, die notwendig ist, um das Geschäft der Verwertung überhaupt zu betreiben. Neben dem variablen und dem konstanten Kapital zählen daher alle Nebenkosten, die Kosten für unproduktive Arbeit wie die «Schmiergelder der Zirkulation», Werbekosten usw. Beschreibt nun dasselbe Kapital mehr als einen Zirkulationsprozeß hintereinander, das heißt schlägt er mehrmals um, so muß die während aller diese Umschläge produzierte Mehrwertmasse auf den einen Kapitalvorschuß bezogen werden: Die Profitrate wird daher um so größer, um so schneller das Kapital «umschlägt», während die Mehrwertrate vom Umschlag des Kapitals selbst nicht beeinflußt wird. Eine weitere Tendenz zur Beschleunigung des Umschlags folgt aus dem Durchsetzungsmechanismus der Produktion des relativen Mehrwerts selbst: Jedes Kapital muß befürchten, im Konkurrenzkampf von der Produktivität der feindlichen Kapitale überholt zu werden. Die Gefahr wächst mit der Lebensdauer des fixen Kapitals. Je länger eine Maschine im Arbeitsprozeß fungiert, um so größer ist die Gefahr, daß ihre Konstruktion oder das Produktionsverfahren, dem sie unterliegt, technisch überholt wird. Das treibt die Kapitale zur Beschleunigung der Umschläge insbesonders ihrer fixen Bestandteile.[36]

Die technologischen Einheiten, denen der einzelne Arbeiter subsumiert ist, weiten sich aus. Das ist notwendiges Resultat der Produktivitätssteigerung. «Die kombinierte Arbeitsmaschine, jetzt eingegliedertes System von verschiedenartigen einzelnen Arbeitsmaschinen und von Gruppen derselben, ist um so vollkommener, je kontinuierlicher ihr Gesamtprozeß, das heißt mit je weniger Unterbrechung das Rohmaterial von seiner ersten Phase zu seiner letzten übergeht, je mehr also statt der Menschenhand der Mechanismus selbst es von einer Produktionsphase in die andere befördert.»[36]

Die technologische Reichweite des Prozesses wird zugleich zur ökonomischen. Immer größere «Blöcke» des fixen Kapitals sind technologisch aneinander gebunden. Ihre ökonomische Lebensdauer wird nur garantiert durch den Kontext der Funktionen, in die sie innerhalb des Arbeitsprozesses eingebunden sind. Werden diese Funktionen gestört oder unterbrochen, so wird nicht nur die Mechanik des Ablaufs, die Kontinuität des Prozesses gefährdet, sondern das fixe Kapital ist dann entwertet. Profit wie Profitrate sind aufs äußerste gefährdet. Die Arbeitsleistung des Arbeiters wird jetzt nicht mehr nur unter dem Aspekt der maximalen *input-output*-Relation von Bedeutung, immer mehr zählt die Gefahr einer Sabotage des Arbeitsprozesses durch die Arbeiter, ob sie nun bewußt oder unbewußt ausgeübt wird. Qualifikation erscheint nun nicht mehr nur positiv – im Sinne der Stimulation eines maximalen *outputs* der Produktion, sondern sie muß negativ, an der Ökonomie des konstanten Kapitals festgemacht werden. Mit anderen Worten: Von dem Moment an, von dem der «objektive Arbeitskörper» der Dirigent des Funktionsverhältnisses wird, zählt nicht nur das absolute Maß des Produzierten, sondern auch das relative –

relativ gemessen am erreichbaren Produktionsausstoß bei voller Funktionsfähigkeit der Maschinerie – und es zählt die Differenz zwischen dem erreichten und dem erreichbaren Produktions-*output*.

Wir müssen noch einmal auf Produktivitäts- und Intensitätsbegriffe eingehen. *Produktiv* wird die Arbeit durch die Entfaltung ihrer Potenzen: sowohl ihrer eigenen – organischen – wie jener des Prozesses selbst: Veränderung des Arbeitsmittels, Verbesserung der Materialeigenschaften der Rohstoffe. *Produktiver* wird die Arbeit letztlich immer nur durch die List der Vernunft oder die List der Erfahrung: «Die Vernunft ist ebenso listig wie mächtig. Die List besteht überhaupt in der vermittelnden Fähigkeit, welche, indem sie die Objekte ihrer eigenen Natur gemäß aufeinander einwirken und sich aneinander abarbeiten läßt, ohne sich unmittelbar in diesen Prozeß einzumischen, gleichwohl nur ihren Zweck zur Ausführung bringt.»[37] Die Arbeitsleistung (Arbeitsverausgabung) vergrößert sich nicht, sie verändert sich nur – mit dem Resultat wachsender Produktenmassen. Das *output* wächst bei gleichem *input* an Arbeitsleistung.

Intensiver dagegen wird die Arbeit durch gesteigerte Anstrengung – das Gegenteil der List. Die Funktionen des Prozesses bleiben unverändert, nur wird der Prozeß selbst insgesamt beschleunigt. Die Arbeitsleistung vergrößert sich: Wachsendes *output* setzt hier wachsendes *input* an Arbeitsverausgabung voraus. Beiden Qualitäten der Arbeit ist jedoch eine Veränderung der Arbeit selbst gemeinsam: Produktivitätssteigerung verändert die Qualität der Arbeit, Intensitätssteigerung beeinflußt ihre Quantität.

Jene Qualifikation, die aus der Garantie der Funktionsfähigkeit – und damit der Zirkulationsfähigkeit – des fixen Kapitals folgt (der Fähigkeit, die kapitalistische Ausbeutung ohne subversive, die Zirkulationsfähigkeit des Kapitals bedrohende Reaktionen zu ertragen), zeigt eine Ausdifferenzierung der Qualifikationsanforderungen. Die Qualitäten des *reliable employee*, den wir weiter oben zitiert haben, wie «Verantwortlichkeit», «Zuverlässigkeit» usw. werden immer notwendiger. Sie sind an der Produktionsleistung positiv nicht mehr festzumachen. Sie stellen die äußerliche Antwort dar auf ein der Arbeit im Kapitalismus immanentes Verhältnis: das der *entfremdeten Arbeit*.

Helmut Becker formuliert diese «negativen Qualifikationen» (Lutz) unter dem Begriff der «Zuverlässigkeit» nahezu klassisch auf folgende Weise: «Der Techniker, der immer wieder dieselben Vorgänge in einer automatisierten Fabrik abrollen sieht, soll das Nichtfunktionieren eines Details nach vierzehn Tagen möglichst im ersten Moment bemerken. Dabei wird deutlich, daß Zuverlässigkeit ebensosehr eine menschliche wie eine geistige Eigenschaft ist, die auch eine bestimmte rationale Durchdringung der beobachteten Vorgänge erfordert. In der rheinischen Braunkohleindustrie werden heute Kohlenförderkräne verwendet, die je 20 Millionen DM kosten, 100 000 cbm Kohle in 16 Stunden fördern und von sieben Mann bedient werden, von denen keiner eine besondere, qualifizierte Vorbildung hat. Dieses Beispiel ist in der Industrie nicht beliebig übertragbar, aber es macht deutlich, was mit Zuverlässigkeit hier gemeint ist. Die Wandlung der Berufsstruktur, die Tatsache, daß der Beruf immer häufiger gewechselt wird und nicht mehr mit Berufung identisch ist, verstärkt die Notwendigkeit der Zuverlässigkeit. Das politische Klima unserer Gesellschaft, die Probleme, die sich durch die totalitären Mächte stellen, das Leben in der ‹Landschaft des Verrats› (Margret Boveri) zeigen, welche Bedeutung der Zuverlässigkeit im politischen Raum zukommt.»[38]

Welche Bedeutung diese Qualifikation mit wachsendem Wert des fixen, wie allgemein des konstanten Kapitals erhalten, zeigt der Stellenwert, der ihnen in der Technikgeschichte zugesprochen werden kann.

In der Sklavenhaltergesellschaft, in der die Existenz des Sklaven nicht an die «freie Lohnarbeit» gebunden ist – seine Arbeit daher durch den Lohn nicht motiviert wird – ist die mangelnde Ökonomie des konstanten Kapitals «einer der Umstände, [die] die auf Sklaverei gegründete Produktion verteuern. Der Arbeiter soll sich hier, nach dem treffenden Ausdruck der Alten, nur als instrumentum vocale [sprachbegabtes Werkzeug] von dem Tier als Instrumentum semivocale [stimmbegabtes Werkzeug] und dem toten Arbeitszeug als instrumentum mutum unterscheiden. Er selbst aber läßt Tier und Arbeitszeug fühlen, daß er nicht ihresgleichen, sondern ein Mensch ist. Er verschafft sich das Selbstwertgefühl seines Unterschieds von ihnen, indem er sie mißhandelt und con amore verwüstet. Es gilt daher als ökonomisches Prinzip dieser Produktionsweise, nur die rohesten, schwerfälligsten, aber grade wegen ihrer unbehilflichen Plumpheit schwer zu ruinierenden Arbeitsinstrumente anzuwenden.»[38]

Qualifikationen der Ökonomie des konstanten Kapitals («Tugenden») zeigen eigentümlich die Verdoppelung, die die Qualität der Arbeit als Qualifikation der Arbeitskraft unterliegt. Sie ist nur deshalb ein Problem, weil das Arbeitsmittel zum Instrument der Ausbeutung wird, das Verhältnis von Arbeit und Arbeitsmittel selbst entfremdet ist. Die Qualifikationen des *reliable employee* werden gebraucht, weil der Arbeiter durch den Produktionsprozeß selbst, in dem er entfremdete Arbeit leistet, disqualifiziert worden ist.

Mit der Entfaltung des Kapitalverhältnisses wird daher ein Punkt erreicht, der durch das Anwachsen des fixen Kapitals bestimmt ist, und an dem Intensitätsqualifikationen durch neue Qualifikationen ergänzt werden müssen, für die uns ein eigener Begriff schon deshalb fehlt, weil sie nur negativ bestimmbar sind. Wir können sie hilfsweise *negative Qualifikationen* nennen. Wie eng beide Formen zusammenhängen, zeigt ein

Arbeitskampf bei General Motors.[39] Dort war in dem neuerbauten Werk Lordstown das Fließbandtempo um ca. 30 Prozent heraufgesetzt worden. «Durch ein verbessertes architektonisches Design und eine Reihe von neuartigen Werkzeugmaschinen hatte die Firmenleitung in Lordstown einen Teil der körperlichen Arbeit überflüssig gemacht. Mittels eines besseren Zugangs zum Fließband fiel für die Arbeiter viel lästiges Bücken und Kriechen fort.» Dennoch sank die Produktion, zuletzt sogar um 40 Prozent. «In normalen Fabriken rollen etwa 55 Autos je Stunde vom Band. Das gibt dem Arbeiter etwa eine Minute Zeit für die vorgeschriebenen Handgriffe. In Lordstown dagegen hat der Arbeiter nur 40 Sekunden.» Ein Arbeiter erklärte: «Ich habe gesehen, wie eine Arbeiterin mit dem Fließband um die Wette lief, um ihre Handgriffe zu verrichten. Ich habe noch 25 Jahre vor mir in dieser Fabrik, und ich denke nicht daran, für irgend jemanden hier zu rennen.» Die Konsequenz der Intensitätsbelastung ist der Zusammenbruch der negativen Qualifikationen: «An nagelneuen Automobilen des Typs ‹Vega› entdeckte er [ein Manager] zersplitterte Windschutzscheiben, zerbrochene Rückspiegel, verbogene Instrumentenknöpfe und aufgeschlitzte Sitzpolster. Zündschlüssel steckten abgebrochen in den Schlössern, Dichtungsringe in den Vergasern.» Ein Arbeiter auf die Frage: «Wollen sie andeuten, daß [die dort produzierten] Vega-Autos gefährlich sind?» – «Ja – aus Mangel an Qualität.» Und ein Gewerkschaftsfunktionär über den Kampfgeist seiner Vega-Arbeiter: «Diese Burschen [...] haben sich zu Tigern entwickelt. Die haben wirklich Mumm.»

An diesem Punkt könnte wieder deutlich werden, daß nicht so sehr die Frage nach dem absoluten Qualifikationsniveau, sondern die Frage nach der *Komplementarität verschiedener Qualifikationen* von entscheidender Bedeutung ist. Wächst die Intensität der Arbeit bei bereits voll entfalteter Technologie, so wird mit ihr auch die Intensität wachsen müssen, mit der jene negativen Qualifikationen herangezüchtet werden, die garantieren sollen, daß die Intensitätssteigerung nicht in Sabotage umkippt. Die gleiche produktive Arbeit, zum Beispiel am Fließband oder an Montagestraßen, wird, bei einem konstanten Niveau der Produktivität, in wachsendem Maße sowohl Intensitätsqualifikationen als auch negative Qualifikationen voraussetzen, obwohl sich das Prozeßniveau der Produktion nicht veränderte und darum auch nicht das Niveau der Arbeitsqualität.

Von «Qualifikationsniveau» kann darum sinnvollerweise nicht gesprochen werden. An der Komplementarität von Intensitäts- und Negativqualifikationen zeigt sich eine Ausdifferenzierung der Qualifikationsanforderungen.

Dieses Verhältnis ist gemeint, wenn die offizielle Bildungsökonomie vom «Entstehen immer komplexerer, schwer überschaubarer und zu steuernder Netze von wirtschaftlichen und gesellschaftlichen Wirkzusammenhängen»[40] spricht. Correa spricht von der Notwendigkeit der «*professionalization of the labour force*» und stellt sich das Problem der «*verification whether complementarity exists between the education of the labour force and capital intensity that is, whether a more intensive use of capital makes necessary a higher educational level in the labour force.*»[41] Dabei gelangt er tatsächlich zu dem quantitativen Nachweis «*that an indication was found of complementarity between capital intensity an the educational level of the labour force directly engaged in production*»[42].

Die Ansprüche, die der kapitalistische Produktionsprozeß an das Ausbildungssystem stellt, nehmen zu, ohne daß mit ihnen ein verändertes Prozeßniveau verbunden sein müßte. Ausschlaggebend ist allein der bereits erreichte Konzentrationsgrad des Kapitals wie seine organische Zusammensetzung, in der Sprache der Nationalökonomie sinnigerweise «Kapitalintensität» genannt.

Wir haben an der Ökonomie des konstanten Kapitals die Komplementarität von Intensitäts- und Negativqualifikationen darstellen können als Resultat des Tendenzaspekts der wirtschaftlichen Entwicklung.

Die Umschlagsgeschwindigkeit des fixen Kapitals ist dagegen vor allem für die produktiven Qualifikationen von Interesse. Wir haben gesehen, daß das Tempo des Kapitalumschlags zwar nicht die Mehrwertrate, aber die Profitrate beeinflußt. Wird der Kapitalumschlag beschleunigt, so wächst mit ihm die Profitmasse, das heißt die aus den aufeinanderfolgenden Zirkulationsperioden addierte Mehrwertmasse. Wird sie als Rate auf das vorgeschossene Kapital bezogen, so muß die Rate steigen, wenn die Kapitalzirkulation beschleunigt wird.

Produktive Qualifikationen sind an die technische Struktur des Arbeitsprozesses gebunden, an seinen konkreten Charakter. Der ist für die Qualität der Arbeit bei industrieller Produktionsweise durch die Funktionscharakteristika der Maschinerie gegeben. Auch produktive Qualifikationen sind daher formell von der Struktur des fixen Kapitals abhängig. Nur dann, wenn sich diese Funktionscharakteristika ändern, das heißt nur dann, wenn das fixe Kapital erneuert wird, besteht die Chance der Veränderung von Arbeitsqualitäten. Der Wandel produktiver Qualifikationen, insbesondere aber das Tempo der Veränderung sind daher von der Umschlagzeit des fixen Kapitals primär bestimmt.

Mit dem Trend der Konzentration und Akkumulation wie der Tendenz des Profitratenfalls kann daher das Tempo der Ablösung von Qualifikationen durch neuere zunehmen, das heißt das Ausmaß, in dem der Funktionswandel gesellschaftlicher Arbeitsprozesse den Funktionswandel des Ausbildungssystems erfordert.

Daß die Verkürzung der Umschlagszeit keine hypothetische Konstruktion, sondern eine reale Größe ist, zeigt die Entwicklung der Konjunkturzyklen, deren Phasendauer durch die Periodizität der Erneuerung des fixen Kapitals gegeben ist. Noch im vorigen Jahrhundert betrug sie ca. 10 Jahre, heute beträgt sie nur noch 5, sie hat sich also in den letzten 70 Jahren halbiert.[43]

Daneben wirkt ebenso die Gefahr des moralischen Verschleißes als Triebfeder: «Neben dem materiellen unterliegt die Maschine aber auch einem sozusagen moralischen Verschleiß. Sie verliert Tauschwert in dem Maße, worin entweder Maschinen derselben Konstruktion wohlfeiler reproduziert werden können oder beßre Maschinen konkurrierend neben sie treten. In beiden Fällen ist ihr Wert, so jung und lebenskräftig sie sonst noch sein mag, nicht mehr bestimmt durch die tatsächlich in ihr selbst vergegenständlichte, sondern durch die zur Reproduktion der beßren Maschine notwendigen Arbeitszeit. Sie ist daher mehr oder minder entwertet. Je kürzer die Periode, worin ihr Gesamtwert reproduziert wird, desto geringer die Gefahr des moralischen Verschleißes.»[44]

3.6 Produktionsintensität von Qualifikationen und technischer Fortschritt

Das wachsende Tempo des Umschlags provoziert den technischen Fortschritt, dieser wiederum den Kapitalumschlag. Er führt darum zu einem schnelleren Umschlag der – den Produktionsmitteln komplementären – Struktur produktiver Qualifikationen. Er zwingt so das Ausbildungssystem zur progressiven Innovation seiner Produktion, sofern das Ausbildungssystem produktive Qualifikationen noch vermitteln kann respektive Vorformen dieser Qualifikationen, also Fähigkeiten, die den Erwerb bestimmter produktiver Qualifikationen in unmittelbarem Produktionsprozeß erleichtern. Auch hier spielt das absolute Niveau der Qualifikationen gar keine Rolle. Allein der Tempowechsel zwingt zur Intensivierung der Produktionsleistung. Unter zwei Gesichtspunkten ist das näher zu begründen.

1. *Moralischer Verschleiß*. Sofern die Qualifikationen dem Komplementaritätsprinzip des Arbeitsprozesses gehorchen müssen, das heißt die Qualität der Arbeit ist eindeutig durch die Funktionscharakteristika der Maschinerie determiniert, sind mit dem moralischen Verschleiß der Produktionsmittel auch die ihnen zugehörigen Qualifikationen verschlissen. Sie werden nicht mehr gebraucht. «Sobald die Führung des Werkzeugs der Maschine anheimfällt, erlischt mit dem Gebrauchswert der Tauschwert der Arbeitskraft. Der Arbeiter wird unverkäuflich wie außer Kurs gesetztes Papiergeld.»[45]

Leistung, die das Ausbildungssystem mit der Produktion dieser Qualifikationen vollbracht hat, zählt nicht mehr, sie muß, zumindest virtuell, durch eine neue Leistung ersetzt werden. Die Produktionsintensität des Systems muß gesteigert werden, ohne daß es selbst noch zum Faktor der Produktivität werden könnte.

Statt Faktor des Fortschritt zu sein, hinkt das System hinterher. Das drückt sich auf der Seite der materiellen Produktion in der ständig weiter fortschreitenden Ausdifferenzierung der Arbeitsteilung aus, die – im Geltungsbereich des Komplemetaritätsprinzips – zu einer immer weitergehenden Ausdifferenzierung der produktiven Qualifikationen führen müßte. Diese Ausdifferenzierung ist nicht nur so zu verstehen, daß sich auf einem, technisch homogenen, Prozeßniveau der Produktion immer neue Funktionen parzellieren lassen, sondern insbesonders so, daß sich verschiedene Prozeßniveaus nebeneinander entfalten. Primitivere Prozeßniveaus, wie einfache Handarbeit, Fließbandarbeit usw. bleiben bestehen, während sich neben ihnen neue Niveaus der Mechanisierung und Automatisierung bilden, zum Beispiel Automatenführung und Meßwartentätigkeit.[46]

H. Kern und M. Schumann kommen in ihrer Studie, die es sich unter anderem zur Aufgabe gemacht hat, die industriesoziologische Diskussion über die Qualifikationstendenz zu überprüfen, zum Ergebnis, daß mit dem technischen Fortschritt keineswegs von einem allgemeinen Übergang von einem Niveau zum anderen gesprochen werden kann. Mit ihrem in Abschnitt zwei problematisierten empirischen Qualifikationsbegriff kommen sie zum Ergebnis, daß hohe und niedrige Qualifikationsniveaus – über die Skala der Arbeitstypen hinweg, die zugleich die Skala des technischen Fortschritts repräsentiert – durchaus ungleich verteilt sind.

2. *Beschränkung der Substitutionalität verschiedener Qualifikationstypen.* Wir haben bisher, wenn es um die produktiven Qualifikationen ging, mit dem Komplementaritätsprinzip gearbeitet. Es dient dazu, die virtuelle Produktionsleistung zu bestimmen, die das Ausbildungssystem erbringen müßte, wenn es, seinem eigenen gesellschaftlichen Anspruch wie den Zwängen des Austauschs von variablem Kapital und Lohnarbeit folgend, vollgültige Arbeitsvermögen herstellen würde. Die Praxis des beschleunigten technischen Fortschritts führt die modellhafte Gültigkeit des Prinzips ad absurdum. Im Gegenteil muß davon ausgegangen werden, daß, so Janossy, «die Meisterung neuer Arbeitsplätze eigentlich nur dadurch möglich ist, daß die Berufskenntnisse eines Menschen nicht bloß einer einzigen, bestimmten, konkreten Tätigkeit entsprechen, sondern sich über einen breiten Spielraum von Tätigkeitsarten erstrecken, innerhalb dessen die Spannung [Überfluß an alten Qualifikationen, Mangel an neuen] zu einer Verschiebung [in Richtung auf die neuen Qualifikationen] führen kann»[47].

Der technische Fortschritt und die dynamische Prozeßstruktur der Produktion erzwingen, mit anderen Worten, eine Überproduktion von Qualifikationen für jedes einzelne Individuum, die es ihm erlauben, verschiedene konkrete Tätigkeiten auszuüben: Das Arbeitsvermögen muß sich wechselnden konkreten Arbeitserfordernissen gegenüber substitutiv verhalten können. Hier ergibt sich ein der Sache immanenter Widerspruch. Das Phänomen der Überqualifikation, das innerhalb der Bildungsökonomie als Forderung nach «Mobilität in der modernen Industriegesellschaft» bezeichnet wird, wird im Kontext der Vorschulerziehung, der Kreativitätsforschung und curricularer Versuche mit dem Konzept des «Lernen lernens» (Humboldt) zu beantworten versucht. Damit die Arbeitskräfte, wenn es der technische Fortschritt erfordert, friktionsloser als bisher den Arbeitsplatz wechseln können, wird es notwendig sein, sie auf die – zunächst nur formell zu definierende – Fähigkeit zur Mobilität hin zu qualifizieren. Das Modell, das dabei übertragen wird, gleichsam die Grundlagenerziehung zu intensivieren, um die Fähigkeit zum Wechsel produktiver Qualifikationen zu trainieren, ist von Humboldt allerdings an einem, zur gemeinschaftlichen Arbeit der materiellen Produktion querstehenden Begriff der wissenschaftlichen «allgemeinen» Arbeit entwickelt worden.

Hier hat der Begriff der Grundlagen – als Aufarbeitung des «allgemeinen» menschlichen Wissens wie als Verarbeitung des Wissens im Interesse des Fortschritts – einen Sinn, auch im Sinne der «Optimierung der Produktionsfunktion»: Auf einer breiten Grundlage sind wissenschaftliche Fortschritte im allgemeinen schneller zu erzielen als auf einer schmalen Basis.

Die Übertragung auf den Begriff der gemeinschaftlichen, materiellen und körperlichen Arbeit, grob gesagt die Übertragung eines wissenschaftstheoretischen Konzepts in die Bereiche von Arbeitspsychologie und selbst Arbeitsphysiologie deuten dabei auf ein quid pro quo des Arbeitsbegriffs hin.

Das ist das eine. Das andere ist, daß der unmittelbare Zwang zur Mobilität für die Industriearbeiterschaft schon längst (auch im 19. Jahrhundert) ein Gesetz des Arbeitsmarktes ist. Trotzdem erscheint die Forderung nach einer mobilitätsfreundlichen Ausbildung erst in der zweiten Hälfte des 20. Jahrhunderts. Das ist auch dann ein Widerspruch, wenn die Mobilitätsforderung heute in verstärktem Maße gestellt wird. Der Widerspruch ist nur unter der Bedingung auflösbar, daß die Mobilitätsforderung mit dem Inhalt ihrer Umsetzung in Produktionsprozesse des Ausbildungssystems nicht kongruent ist, das heißt wenn nicht primär die Breite der Qualifikationsbasis das Ausbildungsziel ist. Demnach aber ist die verstärkte Ausbildungsintensität – besonders im Vorschul- und Primärbereich – an den abstrakten Qualifikationen der Arbeitsintensität festzumachen, deren Produktion weiter intensiviert wird. Das mikroökonomische Modell wiederholt sich makro-ökonomisch. C. C. von Weizsäcker hat in seinem Aufsatz *‹Über die optimale Verteilung der Bildungsinvestitionen auf Anfangsbildung und Fortbildung im Berufsleben›* zu berechnen versucht, inwieweit wachsender technischer Fortschritt respektive moralischer Verschleiß von Qualifikationen die Verteilung von Anfangsausbildung und Berufsausbildung eines individuellen Bildungsschicksals beeinflussen müssen. «Die Obsolenzrate der [Qualifikationen; M. M.] hängt vor allem ab vom Tempo des technischen Fortschritts. Vieles spricht dafür, daß heute die Rate des technischen Fortschritts höher ist als in früheren Jahrzehnten oder gar Jahrhunderten [...] Aus diesem Grunde ist es sicher richtig, wenn man annimmt, daß die Obsolenzrate heute höher ist als sie es früher war.»[48]

Qualifikationen, die während der Anfangsausbildung vermittelt werden, haben hier den Vorteil, über die gesamte Zeit des Berufslebens hinweg wirksam zu sein, Qualifikationen dagegen, die das Individuum erst im 50. Lebensjahr erwirbt, werden nur noch 12 bis 15 Jahre im Produktionsprozeß einsetzbar sein, weil das Individuum dann pensionsreif ist. Andererseits ist die Periode der Obsolenz größer, die Gefahr, daß jene in jungen Jahren vermittelten Qualifikationen verschlissen sind, wächst mit dem technischem Fortschritt. Insofern wiederholt Weizsäcker innerhalb eines eng definierten Modellrahmens die These, daß die Beschleunigung des Kapitalumschlags das Tempo des moralischen Verschleißes beschleunigt und so die gesellschaftlichen Anforderungen an das Ausbildungssystem höher schraubt. Auch seine Konsequenz, Aufhebung der verselbständigten Form des Systems, ist vollkommen richtig, nur muß Weizsäcker übersehen, daß das Kapitalverhältnis sie nicht zulassen kann, daß diese Form dem Charakter von Bildung und Ausbildung dem Kapitalismus immanent ist.

Das wachsende Tempo des fixen Kapitalumschlags, Resultat der Mobilmachung der Kapitale gegen den tendenziellen Fall der Profitrate und für die eigene, führt tendenziell zur progredierenden Unfähigkeit des Ausbildungssystems, direkte, «fertige» Qualifikationen noch zu vermitteln. Zunehmende Spezialisierung wie der Arbeitsplätze steht einer weitgehend gleichbleibenden Undifferenziertheit der Ausbildung gegenüber. Die technische wie funktionelle Ausdifferenzierung der gesellschaftlichen Arbeitsprozesse reproduziert sich im Ausbildungssystem – das weiter in seiner verselbständigten Organisationsform verharren muß – in wachsender *Abstraktheit der Qualifikationen*, die es vermittelt. Die vom Ausbildungssystem vermittelten Ansätze zu produktiven Qualifikationen hinken der technischen Entwicklung hinterher, sie drohen mehr und mehr zu veralten. Das Ausbildungssystem scheitert, auch wenn es seine Produktionsintensität vervielfacht, mit der Produktion von prozeßspezifischen, das heißt produktiven Qualifikationen eben an jener Schranke, die es als selbständiges, von der materiellen – und in einigen Bereichen wohl auch den geistigen – Produktion losgelöste gesellschaftliche Einheit konstituiert. So schlagen die intensivierten Produktionsbemühungen in jene Qualifikationen um, von denen wir annehmen können, daß sie sich auch bei relativer Entfernung vom Prozeß selbst produzieren lassen, und die wir Intensitätsqualifikationen genannt haben.[49]

Gerade abstrakte Qualifikationen schlagen in Arbeitsintensität um.[50]

Strumilin, der sowjetische Arbeitswissenschaftler, berichtet zum Beispiel, daß in von ihm untersuchten Fällen eine einjährige Ausbildung in Lesen und Schreiben die Arbeitsintensität von Arbeitern um 30 Prozent steigern konnte. Der arbeitswissenschaftliche Untersuchungsteil der «Sieben Berichte»[51] kommt zu vergleichbaren Ergebnissen.

Kompensationsmittel gibt es gerade im Bereich der Berufsausbildung keine. Das zeigt die Ausbildungssituation der Lehrlinge, die nicht in das Ausbildungssystem, sondern direkt in den Produktionsprozeß integriert ist. Hier bleibt die Ausbildung, und das beweisen neuere Studien[52], den Zufällen der industriellen Entwicklungsstufe überlassen, auf der sich das Kapital des Lehrherren befindet. Zum anderen geht sie im Aufwand der Ausbildung im allgemeinen über den zusätzlichen Mehrwert, der dem Lehrling durch den unter dem Wert seiner Arbeitskraft liegenden Lohn (Ausbildungsbeihilfe) abgeprellt wird, nicht hinaus. Die zu vermittelnden produktiven Qualifikationen können noch so sehr das Wachstum einer Gesellschaft insgesamt befördern, niemand kann den Lehrherrn dazu zwingen, mit dem Wohlstand oder der Entwicklungsfähigkeit der Gesellschaft insgesamt zu rechnen. Als «Seele seines Geschäfts» (Volksmund) oder «Kapitalseele» (Marx) ist er primär seinem Profit verpflichtet, und den macht er alleine durch die Ausbeutung der «freien Lohnarbeit». Er muß davon ausgehen, daß jeder qualifikatorische Aufwand, der über den von seinem Lehrling produzierten Zusatzmehrwert hinausgeht, ihm als Verlust zu Buche schlagen kann, wenn die Ware Arbeitskraft, deren Gebrauchswert er mit zusätzlichen Anstrengungen auf das Prozeßniveau seiner Produktion gebracht hat, wenn diese Ware ihn, so frei, wie sie sich verkaufen kann, wieder verläßt.

Die Möglichkeit also, die Ausbildung, die mit den der kapitalistischen Akkumulation immanenten Tendenzen wachsender Intensität bedarf, die Möglichkeit der Vermittlung produktiver Qualifikationen also, ist durch die Zirkulationsschranken des Kapitals begrenzt. Je stärker die Prozeßniveaus differieren, desto enger die Grenzen, denn die Sicherheit, daß sich für eine – vom Kapital in eigener Regie qualifizierte – Kraft eine ähnlich qualifizierte finden ließe, wird um so geringer, je mehr verschiedene Prozeßniveaus nebeneinander existieren. Der Konkurrenzkampf der Kapitale reproduziert daher die dysfunktionale, weil vom Fortschritt isolierte Struktur des Ausbildungssystems.

Die Krise des Ausbildungssystems ist in der Logik der Entwicklung der kapitalistischen Akkumulation nicht nur strukturell angelegt, sie verschärft sich generell mit deren Entwicklung. Die Funktionserfüllung des Systems wird immer schwieriger.

Anmerkungen, Teil 3

Die Akkumulationstendenzen des Kapitals und die Entwicklung der Qualifikationsanforderungen

1 K. Marx: ‹*Kapital I*›. MEW Bd. 23, S. 53.

2 K. Marx: ‹*Kapital III*›. MEW Bd. 25, S. 196 f.

3 Vgl. zum Bedarfsansatz W. Armbruster: ‹*Arbeitskräftebedarfsprognosen als Grundlage der Bildungsplanung*›. Studien und Berichte des Max-Planck-Instituts für Bildungsforschung, Bd. 23. Berlin 1971; ferner K. Hüfner und J. Naumann (Hg.): ‹*Bildungsplanung: Ansätze, Modelle, Probleme*›. Stuttgart 1971; D. Hinrichsen und K. Köhler: ‹*Bürgerliche Theorien – Darstellung und Kritik*›. In: ‹*Materialien zur politischen Ökonomie des Ausbildungssektors*›. Hg. v. E. Altvater und F. Huisken. Erlangen 1971, sowie einige weitere Beiträge in diesem Band.

4 Vgl. dazu H. Riese: ‹*Theorie der Bildungsplanung und Struktur des Bildungswesens*›. In: Konjunkturpolitik 14 (1968), S. 272 f.

5 Armbruster, a. a. O., S. 12 f.

6 Daß diese Schwäche dem Modell immanent ist, zeigt ein Fehler von Riese in seiner Studie ‹*Die Entwicklung des Bedarfs an Hochschulabsolventen in der Bundesrepublik Deutschland*›. Wiesbaden 1967. Bei den Schritten 5. und 6. ist er von der empirischen Verteilung an formellen Qualifikationsnachweisen innerhalb des Sektors ausgegangen. Konkret: er zählt aus, wie viele Beschäftigte Abitur, Fachschulabschluß, Hochschulabschluß usw. besitzen. Diese Zahlen gehen dann in die Prognose ein. Riese übersah in seiner Studie das allgemein bekannte Phänomen des *upgrading*, der Tatsache, daß bei Neubesetzung einer Stelle meist die Bewerber mit höheren formellen Qualifikationen bevorzugt werden. Das führt dazu, daß häufig derjenige, der auf der Stelle nachfolgt, eine höhere formelle Qualifikation besitzt als sein Vorgänger. Das hat die Konsequenz, daß die Häufung höherer formeller Qualifikationen bei den jüngeren Arbeitskräften größer ist als bei den älteren. Wird das Phänomen nicht berücksichtigt, so kommt es zu einer chronischen Unterschätzung des Bedarfs an formell höher qualifizierten Arbeitskräften. Genau das ist bei Riese passiert. Vgl. die Kritik von Armbruster, a. a. O.

7 S. H. Blaug u. a.: ‹*The Utilization of Educated Manpower in Industry*›. Edinburgh und London 1967.

8 Vgl. A. Kell: ‹*Die Vorstellungen der Verbände zur Berufsausbildung*›. Bd. II. Berlin 1970. Studien und Berichte des Max-Planck-Instituts für Bildungsforschung, Bd. 20.

9 An die Stelle der Wachstumsprognose kann auch die Zielprojektion treten, das heißt eine bestimmte Wachstumsrate wird politisch vorgegeben.

10 G. Friedmann: ‹*Der Mensch in der mechanisierten Produktion*›. Köln 1952, S. 199.

11 Ebd.

12 R. Vahrenkamp: ‹*Entwicklungstendenzen des industriellen Produktionsprozesses*›. In: *Politikon* 2 (1971), h.

13 H. Kern und M. Schumann: ‹*Industriearbeit und Arbeiterbewußtsein*›. Teil I. Frankfurt am Main 1970, S. 28.

14 R. Blauner: ‹*Alienation and Freedom*›. Chicago, London 1964, S. 167.

15 Kern/Schumann, a. a. O., S. 29.

16 J. R. Bright: ‹*Automation and Management*›. S. 176, zitiert aus Kern/Schu-

mann, a. a. O., S. 29.

17 Daß die Fragestellung nach dem Qualifikationsniveau tatsächlich nicht weiterführen kann, könnte auch an ihrer Funktion innerhalb der Industriesoziologie abgelesen werden: Dort wurde sie entwickelt und verwandt zu einer gleichsam metasubjektiven Bestimmung von Klassenbewußtsein; man versuchte die Frage nach dem Klassenbewußtsein mit der Frage nach dem Qualifikationsniveau zu objektivieren. Vgl. zum Beispiel S. Mallet: ‹*La nouvelle Classe Ouvrière*›. Qualifikation so, als der objektive Grund des subjektiven Klassenbewußtseins inthronisiert, wird damit zum Fetisch.

18 K. Marx: ‹Kapital I›. MEW Bd. 23, S. 496.

19 Ebd., S. 510 f.

20 Ebd., S. 508 ff (Hervorhebung im Text von mir, M. M.).

21 In H. Schelsky: ‹*Auf der Suche nach Wirklichkeit*›. Düsseldorf und Köln 1966.

22 Ebd., S. 166 f.

23 Ebd., S. 167.

24 Ebd., S. 167 f.

25 Ebd.

26 Ebd.

27 Vgl. dazu den Versuch von K. M. Bolte u. a. in: ‹*Beruf und Gesellschaft in Deutschland*›. Opladen 1970.

28 Vgl. besonders den Versuch von H. Kern und M. Schumann ‹*Typen industrieller Arbeit zu entwickeln*›. In: ‹*Industriearbeit und Arbeiterbewußtsein*›, a. a. O.

29 Vgl. F. Pollock: ‹*Automation*›. Frankfurt 1964.

30 S. Braun: ‹*Bericht über technische Umstellungen in der mechanischen Fertigung und der Endmontage eines Automobilwerkes*›. Soziologisches Seminar Göttingen, April 1968, S. 15 ff.

31 Vgl. Bolte, a. a. O.

32 K. Marx: ‹*Kapital II*›. MEW Bd. 24, S. 33.

33 Ebd., S. 32 f.

34 Zum Begriff des fixen Kapitals: «Dieser Teil des konstanten Kapitals [das Arbeitsmittel] gibt Wert an das Produkt ab in dem Verhältnis, worin er mit seinem eignen Gebrauchswert seinen eignen Tauschwert verliert. [. . .] Das fertige Produkt, also auch die Produktbildner, soweit sie in Produkt verwandelt worden, wird aus dem Produktionsprozeß abgestoßen, um als Ware aus der Produktionssphäre in die Zirkulationssphäre überzugehen. Die Arbeitsmittel dagegen verlassen nie die Produktionssphäre, nachdem sie einmal in dieselbe eingetreten sind. Ihre Funktion bannt sie darin fest. Ein Teil des vorgeschossenen Kapitalwerts ist in diesem durch die Funktion der Arbeitsmittel im Prozeß bestimmte Form *fixiert.*»

K. Marx: ‹*Kapital II*›. MEW Bd. 24, S. 158 ff.

35 K. Marx: ‹*Kapital I*›. MEW Bd. 23, S. 652 ff.

36 Ebd., S. 401.

37 G. W. F. Hegel: ‹*Kommentar zu § 209 Enzyklopädie, Erster Teil, die Logik*›. Frankfurt am Main 1970, S. 365.

38 K. Marx: ‹*Kapital I*›. MEW Bd. 23, S. 210 f (Fußnote).

39 Alle Zitate Abschnitt über General Motors aus *Der Spiegel* 6 (1972), S. 87.

40 Berg, a. a. O., S. 54.

41 Ebd.

42 Ebd.

43 Vgl. J. Kucszynski: ‹*Studien zur Geschichte der zyklischen Überproduktionskrisen in Deutschland, 1873–1914*›. Berlin 1961 (‹*Die Geschichte der Lage der Arbeiter unter dem Kapitalismus*›, Bd. 12), sowie E. Altvater: ‹*Zur Konjunkturlage der BRD Anfang 1970*›. In: *Sozialistische Politik* 5 (1970).

44 K. Marx: ‹*Kapital I*›. MEW Bd. 23, S. 427.

45 Ebd., S. 454.

46 Kern/Schumann, a. a. O., Teil II, S. 88 f.

47 F. Janossy: ‹*Das Ende des Wirtschaftswunders*›. Frankfurt am Main 1966, S. 242 f.

48 C. C. v. Weizsäcker in: ‹*Politik in unserer Zeit*›. Bd. 7, S. 82.

49 Es müßte den Rahmen der Arbeit sprengen, wenn die Intensivierung von Ausbildungsprozessen, so wie sie sich in diesem Jahrhundert praktisch vollzogen hat, untersucht werden würde. Die Berechnung des absoluten oder relativen Aufwands des Ausbildungssystems kann jedenfalls zu einer Unterschätzung seiner Produktionsleistung führen. Siehe dazu H. Berg, a. a. O.

50 Vgl. Knauer u. a.: ‹*Bildungsökonomie*›. Berlin 1968.

51 Ebd.

52 Vgl. M. Baethge: ‹*Ausbildung und Herrschaft*›. Frankfurt am Main 1970; H. Maaß: ‹*Zur politischen Ökonomie der Lehrlingsausbildung*›. Frankfurt am Main 1971.

4 Das Ausbildungssystem im Reproduktionskreislauf des Kapitals

Je komplexer die Leistungen des Ausbildungssystems werden, je problematischer die Funktionserfüllung von gesellschaftlich organisierter Erziehung wird, um so mehr Aufwand wird sie erfordern. Bildung wird teurer.

4.1 Ausbildungskosten

Zwingend wird daher die Frage nach den Kosten, die die gesellschaftliche Erziehung verursacht. Zwingend wird aber auch die Frage nach dem Nutzen der Aufwendungen, mit denen die Funktion des Ausbildungssystems aufrechterhalten werden soll. Sind die wachsenden Ausgaben, mit denen heute die politischen Institutionen renommieren, nur ein Reaktiv auf die Entwicklung der Akkumulation des Kapitals außerhalb des Ausbildungssystems, oder handelt es sich bei diesen Ausgaben um präventive Maßnahmen, die eine weitere krisenhafte Entwicklung entschärfen und die Funktion des Systems dauerhaft stabilisieren können? Mit anderen Worten: wirken die wachsenden Bildungsausgaben aktiv auf die Entwicklung ein, sind sie – im Interesse der Überwindung der Bildungskrise – effektiv oder ist mit ihnen nur der Status quo aufrechtzuerhalten?

1. Illich schreibt zum Beispiel: «In den Vereinigten Staaten sind die Ausbildungskosten pro Schüler genauso schnell gestiegen wie die Kosten für medizinische Versorgung. Aber trotz der zunehmenden Dienstleistungen zeigen sich ständig zurückgehende Resultate. Die medizinischen Ausgaben für Personen, die älter als fünfundvierzig Jahre sind, wurden innerhalb von vierzig Jahren mehrmals verdoppelt, mit dem Ergebnis, daß die Lebenserwartung dieser Menschen um drei Prozent gestiegen ist. Das Anwachsen der Bildungsausgaben hat wahrscheinlich zu noch ernüchternderen Ergebnissen geführt, sonst hätte sich Präsident Nixon im Frühjahr 1970 gewiß nicht zu dem Versprechen veranlaßt gesehen, daß bald jedes Kind ein ‹Recht auf Lesen› haben werde, das heißt ein Recht darauf, vor Verlassen der Schule lesen gelernt zu haben.»[1] Wird der Aspekt der inneren Dysfunktionalität des Ausbildungssektors nie berücksichtigt, so sitzt man einem Fetisch auf, den die bürgerliche Gesellschaft mit ihren Institutionen offensichtlich kultiviert, und den der Amerikaner Douglas klassisch formuliert hat: «Nach William O. Douglas, Richter des Obersten Bundesgerichtes der USA, besteht ‹der einzige Weg, eine Institution aufzubauen, darin, sie zu finanzieren.›»[2] Der Umkehrschluß aber muß nicht

immer richtig sein. Wird eine Institution finanziert, so muß das noch nicht ihren Aufbau bedeuten.

Die Bildungs- und Ausbildungsausgaben wirken auf die Veränderung der gesellschaftlichen Qualifikationsstruktur. Wachsende Ausgaben sollen sie verändern, sollen sie funktional machen, wirken aber dadurch zugleich auf den Wert der Arbeitskraft. Der ist bestimmt durch die zur Reproduktion der Arbeitskraft notwendigen Aufwendungen. Nicht nur die Lebensmittel zählen darunter, sondern auch die Ausgaben zur «Produktion des Arbeitsvermögens». Mit zunehmender Dysfunktionalität des Ausbildungssystems würde der Wert der Arbeitskraft sinken, mit verbesserter Funktionserfüllung würde er steigen. Verbesserte Funktionserfüllung innerhalb des Reproduktionskreislaufs des Kapitals kann sich aber nur an der verbesserten Arbeitsleistung der Arbeitskräfte bestimmen lassen. Soll der Reproduktionskreislauf geschlossen werden, soll also die *Qualifikation als aktives Moment des Reproduktionskreislaufs* erscheinen, dann muß untersucht werden, welchen Einfluß die Tatsache der Qualifizierung auf das *Wertprodukt* der Arbeitskräfte hat. Entscheidend ist dabei jedoch nicht die Wirkung auf die absolute Größe des Wertprodukts, sondern auf seine relative Teilung in variables Kapital und Mehrwert. Bekommt die Qualifizierung der Arbeitsplätze innerhalb des Reproduktionssystems eine eigentümliche Funktionsbestimmung, dann nur durch ihre Wirkung auf das Verhältnis von Mehrwert zu variablem Kapital, also mit Bezug auf die Mehrwertrate, denn für die Verwertung ist nicht die absolute Größe, sondern die relative Größe des Verwertungsgrads $\frac{m}{v}$ entscheidend.[3]

Soll also bestimmt werden, inwieweit das Ausbildungssystem selbst aktives Moment des Kreislaufs ist, dann stellt sich sofort die Frage, ob die Qualifizierung der Arbeitskräfte das Wertprodukt absolut oder relativ verändert.

4.2 Komplizierte Arbeit

Es scheint sich daher aus der Logik des Reproduktionskreislaufs das Problem zu ergeben, inwieweit die qualifiziertere Arbeitskraft höhere Werte schafft als die nicht- oder geringer qualifizierte. Schafft die qualifiziertere Arbeitskraft als «Arbeit von höherer Lebendigkeit»[4], als *komplizierte* oder *potenzierte* Arbeit tatsächlich ein höheres Wertprodukt als die geringer qualifizierte oder einfache Durchschnittsarbeit, dann könnten Investitionen in das Ausbildungssystem der Kapitalverwertung eine immanente ökonomische Rationalität verleihen. Sie wird besonders dann wichtig, wenn, wie gegenwärtig, real wachsende Bildungsausgaben zu analysieren sind, wenn also von wachsenden Bildungsausgaben auf ein verändertes Wertverhältnis geschlossen werden könnte.

Die *Reduktion* des (höheren) Wertprodukts der komplizierten auf die einfache Durchschnittsarbeit scheint dabei der Schlüsselbegriff zu sein, denn «die Arbeit, die als höhere, kompliziertere Arbeit gegenüber der gesellschaftlichen Durchschnittsarbeit gilt, ist die Äußerung einer Arbeitskraft, worin höhere Bildungskosten eingehen, deren Produktion mehr Arbeitszeit kostet und die daher einen höheren Wert hat als die einfache Arbeitskraft. Ist der Wert dieser Kraft höher, so äußert sie sich daher auch in höherer Arbeit und vergegenständlicht sich daher, in denselben Zeiträumen, in verhältnismäßig höheren Werten.»[5]

Könnte der Reduktionssatz von Marx innerhalb des Reproduktionskreislaufs unformuliert werden, dann wäre das Problem, so scheint es, zumindest auf einer allgemeinen Ebene gelöst. Wie wir gesehen haben, ist ja auch innerhalb der Reproduktion das Verhältnis von Wert der Arbeitskraft und wertbildender Potenz entscheidend: Bleibt das Wertprodukt einer Arbeitskraft konstant, auch wenn sich durch wachsendes, in Bildung investiertes variables Kapital ihre Qualifikation verbessert, dann muß die Mehrwertrate fallen. Wächst dagegen das Wertprodukt mit, so muß sich das Fallen der Mehrwertrate nicht notwendig ergeben.[6]

Dennoch erweist sich die Integration des Marxschen Ansatzes der Lösung des Reduktionsproblems nicht so unproblematisch, wie es zunächst scheint, denn Marx geht es hauptsächlich um das Problem, ob und wie sich das Wertprodukt der *komplizierten* oder *potenzierten* Arbeit auf *einfache* Arbeit *reduzieren* läßt, nur nebenbei dagegen um das Problem, ob und in welchem Maße sich potenzierte Arbeit in höherem Wertprodukt vergegenständlicht. Dafür gibt es eine historische Erklärung. Marx sah sich noch nicht mit der Zunahme von Technikern und Ingenieuren im unmittelbaren Produktionsprozeß konfrontiert. Für ihn beruht «der Unterschied zwischen höherer und einfacher Arbeit, ‹skilled› und ‹unskilled labour› [...] zum Teil auf bloßen Illusionen oder wenigstens Unterschieden, die längst aufgehört haben, reell zu sein, und nur noch in traditioneller Konvention fortleben»[7].

Marx sah sich dagegen mit Angriffen auf die Arbeitswertlehre konfrontiert, wie übrigens schon Ricardo. Die Kritiker von Marx und Ricardo glaubten den Grundsatz der Arbeitswertlehre, daß *Wert* nur in der produktiven Verausgabung der lebendigen Arbeit und nirgends sonst entsteht, mit dem Hinweis auf die *skilled labour* torpedieren zu können, hinter dessen Wertprodukt sie eine andere Natur und damit die Natur überhaupt vermuteten. Wie gesagt, bereits Ricardo mußte sich gegen diese Angriffe verteidigen.[8] Seine Antwort ist im Prinzip bereits die oben zitierte von

Marx. «*Whatever inequality there might originally have been in them* [kinds of labour], *whatever ingenuity, skill or time necessary for the acquirement of one species of manual dexterity more than another, it* [...] *can have little effect* [...] *on the relative value of commodities.*»[9]

Marx stellt sich die Frage nach der Produktion des Wertprodukts der komplizierten Arbeit daher meist nur hypothetisch, und die Frage nach der Reduktion dieses Wertprodukts auf einfache Arbeit nur sekundär: «Die Arbeit ist allerdings auch qualitativ unterschieden, nicht nur insofern sie in verschiedenen Produktionszweigen, sondern mehr oder minder intensiv etc. Die Art, wie die Ausgleichung dieser Verschiedenheiten geschieht, und alle Arbeit reduziert wird auf simple unskilled labour kann hier natürlich noch nicht untersucht werden. Genug, daß diese Reduktion faktisch mit dem Setzen des Produkts aller Arten von Arbeit als Werte *vollzogen* ist. Als Werte sind sie Aquävalente in gewissen Proportionen; die höhren Sorten von Arbeit selbst sind geschätzt in einfacher Arbeit. Es wird sofort klar, wenn überlegt wird, daß zum Beispiel kalifornisches Gold Produkt einfacher Arbeit ist. Dennoch ist jede Art Arbeit damit bezahlt. Der qualitative Unterschied ist aufgehoben, und das Produkt einer höheren Art Arbeit ist faktisch reduziert auf ein Quantum einfacher Arbeit.»[10]

Heute dagegen hat die Frage nach der *Reduktion* durch die Bildungsökonomie eine über sich selbst hinausweisende Bedeutung erhalten. Sie stellt sich, wenn auch unter einem anderen Aspekt, für alle Versuche, den Ausbildungssektor analytisch in den Reproduktionskreislauf miteinzubeziehen. Hier kann eine Verschiebung der Fragestellung, sofern sie im Prozeß der Analyse nicht mehr reflektiert wird, zu einer gleichsam schizoiden Situation führen, zu einem *double bind* der Theorie. Man kann sich des Eindrucks nicht erwehren, daß einige Autoren des Reduktionsproblems glauben, die entscheidene Antwort auf die Frage nach der Integration des Ausbildungssektors in den Reproduktionskreislauf nach dem Modell entscheiden zu können: «Was hat Marx wirklich gesagt?» Typisch dafür die Kapitelüberschrift von Rosdolsky: ‹*Die vermutliche Marxsche Lösung*›[11]. Damit begeben sich die Autoren allerdings in die philologische Küche: Es gäbe wohl kaum einen Lösungsversuch, der sich nicht interpretativ mit Marx-Zitaten schmücken könnte. Diese Vorgehensweise geht allerdings an Marx vorbei. Sie ist nicht nur mit der Loslösung aus dem Zusammenhang, sondern mit der Verfremdung oder Überinterpretation der Fragestellung bei Marx zu erklären.[12]

E. Altvater und F. Huisken fragen sich im Vorwort zu den ‹*Materialien*›, warum sie und eine Reihe anderer sich so intensiv mit dem Reduktionsproblem «herumgeschlagen» haben, ohne daß sich für sie sichtbare Resultate ergeben hätten. Vielleicht ist das quid pro quo der Marxschen Antwort auf eine andere Frage der Grund dafür. Vielleicht ist es auch der Grund dafür, daß einige Autoren – übrigens gilt das nicht für Maier, Altvater und Huisken – sich über das Problem, welche Konsequenzen die von ihnen gefundene Antwort im jeweiligen Fall für die Mehrwertrate hat, überhaupt keine Gedanken machen, und daher am Ende der Lösungen ziemliche Ratlosigkeit herrscht, welche Konsequenzen denn aus ihnen zu ziehen seien.

Ein weiterer Grund für die Intensität, mit der das Reduktionsproblem in der bildökonomischen Diskussion aufgenommen wurde, mag in der Verlockung liegen, den Grundansatz der bürgerlichen Bildungsökonomie, den *human capital-* oder *investment in man-*Ansatz auf einfachste Weise in ein Konzept zu übertragen, das sich mit der Kritik der Politischen Ökonomie verträgt. «Der grundlegende Gedanke jener amerikanischen Forscher, deren Arbeiten die moderne Bildungsökonomik begründeten, ist der, Lernprozesse als *investment in human beings* zu begreifen.»[13] In der Folge dieses Begreifens der Ausbildungsinvestitionen als Kapital ist es natürlich, Zinsrechnungen anzustellen (*rate of return*), mit denen eruiert werden soll, ob sich Ausbildungsinvestitionen lohnen oder lohnen werden. Sogenannte *age earning profiles* werden aufgestellt, an denen sich ablesen lassen soll, in welchem Maße sich Bildungsinvestitionen rentieren.[14]

Nach Gegenüberstellung der spezifischen Ausbildungskosten und des durchschnittlichen, auf Grund dieser spezifischen Ausbildung zu erwartenden Verdienste können Ertragsberechnungen angestellt werden. Am Ende der Ertragsberechnungen stehen Gleichgewichts- und Optimierungsmodelle, mit denen berechnet werden kann, ob die jeweiligen Investitionsquoten für «Sach»- und «Bildungskapital» ausgeglichen sind oder nicht. Ein Gleichgewicht wäre zum Beispiel dann erzielt, wenn die Zinsraten für Bildungs- und Kapitalinvestitionen gleich hoch sind. Der Erkenntniswert des *human capital*-Ansatzes, das ist in den ‹*Materialien . . .*› bereits ausführlich dargestellt worden, ist gering, auch für die bürgerliche Ökonomie selbst, denn die Verdienstquoten, auf denen die Berechnungen beruhen, hängen natürlich von zahlreichen anderen Faktoren ab, von denen der Ansatz gewaltsam abstrahieren muß. Was übrigbleibt, ist jene Faszination, in der sich die bürgerliche Ökonomie selbst geübt zeigt: der wissenschaftliche Schein der Lösung eines komplexen, qualitativen Problems – wie es Bildungsprozesse darstellen – mit ein paar an Hand einiger geordneter Zahlen.

Im folgenden sollen die verschiedenen Reduktionsansätze am Reproduktionskreislauf der Ware Arbeitskraft, besonders auf ihre Implikationen für die Frage nach der Mehrwertrate hin untersucht werden.

4.3 Reduktion komplizierter auf einfache Arbeit im Reproduktionskreislauf

Zum entscheidenen Problem des Reproduktionsansatzes innerhalb der Bildungsökonomie wird die Umsetzung des qua Bildungsausgaben gesteigerten Wertes der Arbeitskraft in die wertschaffende Potenz Arbeit selbst. Als Frage formuliert: Verhält sich die qualifizierte Arbeitskraft, wenn sie vom Kapital produktiv konsumiert wird, also die wertschaffende Arbeit, anders als die unqualifizierte oder weniger qualifizierte Arbeitskraft? Dabei ergeben sich zwei konträre Positionen, die hier als Position I und Position II gekennzeichnet werden.

Die erste Position, die hauptsächlich von Rosdolsky, Maier und in seinem Gefolge von Roth vertreten wird, geht davon aus, daß im «Ausbildungsprozeß [...] die gebrauchswert- *und* wertschaffende Potenz der menschlichen Arbeit erhöht»[15] wird. Für Roth «ergibt sich notwendig, daß auch hinsichtlich der Formbestimmung [dem gesellschaftlichen Verhältnis des Werts; M. M.] unterschiedliche Grade abstrakter Arbeit entstanden sind: Sie reichen von der einfachen Durchschnittsarbeit bis hin zur potenzierten Arbeit des Ingenieurs, wobei die unterschiedlichen Anteile an der Produktion des Mehrwerts einer entsprechend unterschiedlichen Masse an Produktionskosten für Arbeitsvermögen entsprechen. [...] Es ergibt sich eine Wechselbeziehung [zwischen dem Wert der Arbeitskraft und ihrer wertbildenden Potenz; M. M.] und doch gehen die beiden Wertgrößen nicht ineinander über, weil die die Wertgröße der Funktionen der Teilarbeiter bedingenden Bildungskosten *kein* Bestandteil des vorgeschoßnen variablen Kapitals des fungierenden Kapitalisten und damit der Reproduktionskosten der Arbeitskräfte sind, sondern umverteiltes gesellschaftliches Einkommen, Teil der Revenue.»[16]

Rosdolsky geht davon aus, «daß hier ferner der Zusammenhang zwischen der Ausbildungszeit verschiedener Arbeiter und der zur Erzeugung verschiedener Produkte nötigen Arbeitszeit die Form einer Wechselbeziehung zwischen den Werten der Arbeitskräfte und den Werten der von ihnen hervorgebrachten Waren annehmen muß.»[17]

Der Reduktionsansatz wird hier auf den Reproduktionskreislauf bezogen. Innerhalb des Kreislaufs hat Position I die Konsequenz, daß steigende Ausbildungsausgaben ein steigendes gesellschaftliches Wertprodukt bewirken. Wachsende Bildungsausgaben schlagen sich in wachsendem Volkseinkommen nieder. Maier geht ausdrücklich von einem direkten Einfluß der Bildungsausgaben auf den Reproduktionsprozeß aus: «Die direkten und indirekten Aufwendungen für Bildung und Bildungswesen werden durch die technische Revolution zu einer volkswirtschaftlichen Größe, die die Dynamik des Reproduktionsprozesses grundlegend zu beeinflussen vermag.»[18] Innerhalb des Reproduktionsprozesses ist das Verhältnis von komplizierter zu einfacher Arbeit ökonomisch bestimmt, und zwar dadurch, daß die qualifizierte Arbeitskraft deren wertbildende Arbeit komplizierte Arbeit darstellt, zu ihrer Reproduktion eines größeren Teiles der gesellschaftlichen Gesamtarbeit bedarf als die unqualifizierte Arbeitskraft, deren wertbildende Arbeit einfache Arbeit darstellt»[19]. Und weiter: «Entsprechend den Erfordernissen des Arbeitsprozesses verwendet die Gesellschaft einen Teil ihrer Gesamtarbeit zur Heranbildung der qualifizierten Arbeitskräfte; dabei übertragen die an diesem Ausbildungsprozeß beteiligten Arbeitskräfte ihre eigenen Reproduktionskosten und die übrigen Bildungskosten auf die Reproduktionskosten der qualifizierten Arbeitskräfte. Ebenso wird die werterzeugende Potenz der an dieser Ausbildung mittelbar und unmittelbar beteiligten Arbeitskräfte auf den Gebrauchswert der qualifizierten Arbeitskraft, auf deren *wertbeschaffende* Fähigkeit übertragen und mit der Verausgabung dieser Arbeit in der materiellen Produktion für die Gesellschaft flüssiggemacht.»[20]

Innerhalb des Reproduktionsansatzes von Maier ergibt sich also ein direkter Bezug zwischen den Ausbildungskosten und der wertschaffenden Potenz der qualifizierten Arbeit; Ausbildungskosten, sofern sie zu den Reproduktionskosten zählen, haben unmittelbar Einfluß auf den Gebrauchswert, die «wertschaffende Fähigkeit», das heißt das Wertprodukt der Arbeitskraft. Wachsende Bildungskosten induzieren damit ein wachsendes Wertprodukt, und zwar nicht nur dann, wenn die individuelle qualifizierte Arbeitskraft im Verhältnis zur individuellen einfachen Arbeitskraft betrachtet wird, sondern auch dann, wenn die gesellschaftliche Reproduktion insgesamt betrachtet wird. Das Wertprodukt der komplizierten Arbeit würde also auch dann steigen, wenn relativ mehr qualifizierte Arbeitskräfte durch das Ausbildungssystem produziert würden. Maier bestätigt diese Interpretation mit der Ausarbeitung des Reproduktionskoeffizienten, mit dem er den Einfluß der Ausbildung auf das Wertprodukt quantifiziert. Dabei sind die empirisch gemessenen «Reproduktionskosten der Arbeitskräfte mit unterschiedlichem Qualifikationsniveau [. . .] der quantifizierbare Indikator für die gestiegene wertschaffende Potenz dieser Arbeitskräfte»[21]. Der Reproduktionskoeffizient wird als Quotient der Reproduktionskosten der unqualifizierten Arbeitskraft gebildet, jeweils durch die Anzahl der Jahre geteilt, die die Arbeitskraft durchschnittlich im Produktionsprozeß steht.[22]

Der Reproduktionskoeffizient der *einfachen Arbeitskraft* beträgt dann 1, dem von Maier ein Abgänger der achten Schulklasse mit einfacher Arbeitskraft gleichgesetzt wird. Mit der verlängerten Ausbildung wachsen entsprechend die Reproduktionskosten. Der Reproduktionskoeffizient eines *Fachschulabsolventen* beträgt Maiers Berechnungen zufolge daher schon 2,37, der eines *Hochschulabsolventen* 3,42. Das Wertprodukt des Hochschulabsolventen beträgt jetzt pro Arbeitszeiteinheit das 3,42fache dessen der einfachen Arbeitskraft, das heißt des Schulabgängers der achten Klasse. Die Berechnung des Reproduktionskoeffizienten, das ist für das folgende wichtig, erfolgt unabhängig von der Proportion, in der sich die Anzahl der qualifizierten Arbeitskräfte zur Anzahl der einfachen Arbeitskräfte verhält, das heißt mit wachsender relativer Anzahl der qualifizierten Arbeitskräfte würde, sofern diese in den Produktionsprozeß integriert werden, das Wertprodukt insgesamt anwachsen, und zwar direkt proportional zu den Reproduktionskosten.

Die unmittelbare Wirkung der Bildungsausgaben auf das Wertprodukt innerhalb des Reproduktionskreislaufs ist überhaupt das entscheidende Charakteristikum der ersten Position. Kurz gefaßt läßt sie sich in dem Satz zusammenfassen: Mit wachsenden Bildungsausgaben wächst das gesellschaftliche Wertprodukt.

Das ist auch der Punkt, durch den Position II definiert werden muß. Sie geht im Gegensatz zu Position I davon aus, daß die Bildungsausgaben gesamtgesellschaftlich keinen Einfluß auf die absolute Größe des Wertprodukts haben. Die grundlegende Schwäche von Position I scheint der unmittelbare Schluß vom Wert der Arbeitskraft (den Reproduktionskosten) auf ihre wertbildende Potenz zu sein. Er konfligiert, so E. Altvater, «mit der Grundannahme der Marxschen Werttheorie, daß

a) *Arbeit keinen Wert* hat, sondern sich nur in Wert vergegenständlicht, also Arbeit die Substanz aller Werte ist, und

b) der *Wert der Ware Arbeitskraft* und der Wert des durch die respektive Arbeitskraft erarbeiteten *Produkts unabhängig* voneinander sind».[23] Das Problem wird von den Vertretern der ersten Position selbst erkannt: Rosdolsky definiert darum seine «vermutliche Marxsche Lösung» zugleich doch als «unorthodox», Maier spricht von einer «Belastung für dieses Verfahren» durch die «Unterstellung, daß die wertschaffende Potenz der Arbeitskraft sich parallel zu den Reproduktionskosten entwickelt»[24].

Zweitens ist das quantitative Verhältnis des gestiegenen Wertprodukts zum variablen Kapital wie zum Mehrwert ungeklärt: In welchen Proportionen teilt sich das zusätzlich durch die potenzierte Arbeit produzierte Wertprodukt auf?

Die Position II, hauptsächlich von Altvater und Huisken vertreten, entwickelt sich durch die Kritik an der ersten. Sie ist erstens an ihrem Reproduktionskonzept, zweitens am Begriff der einfachen Durchschnittsarbeit festzumachen.

Altvater und Huisken gehen, im Gegensatz zur ersten Position, davon aus, «daß die Aufwendungen für den Ausbildungssektor real und de facto (d. h. nach Überwälzungseffekten) den gesellschaftlichen Mehrwert schmälern müssen, wenn wir annehmen, daß die Ware Arbeitskraft nach ihrem Wert entlohnt wird und von einem historisch bestimmten Konsumtionsstandard längerfristig nicht heruntergedrückt werden kann. Steigen also die Aufwendungen für den Ausbildungsprozeß im Verlaufe der ‹technisch-wissenschaftlichen Revolution›, so auch die Beträge, die für die Qualifizierung der Arbeitskraft aufgebracht werden müssen. Qualifizierung ist demnach mit einer Wertsteigerung der Ware Arbeitskraft verbunden und daher auch *ceteris paribus* mit einer Kürzung des Gesamtmehrwerts der Kapitalistenklasse.»[25] Konsequenz dieser Überlegung ist, daß die ausbildungsinduzierte Wertsteigerung der Ware Arbeitskraft sich innerhalb des Reproduktionsprozesses nicht in höheren Wertprodukten vergegenständlicht, denn dann müßte der gesellschaftliche Mehrwert nicht geschmälert werden. Sonst könnte der wachsende Wert der Arbeitskraft (wachsendes v) durch das wachsende Wertprodukt kompensiert werden.

Erstaunlich bleibt, daß Position I und Position II, die sich inhaltlich an diesem Punkt gegenseitig ausschließen, relativ konfliktlos nebeneinander stehen können. Allerdings übt Altvater in seinem Aufsatz ‹*Qualifikation der Arbeitskraft und Kompliziertheit der Arbeit*› in vier Punkten Kritik an der Position von Maier. Altvater geht aber nicht darauf ein, daß Maiers Ansatz, über einen abstrakten Lösungsversuch hinausgehend, ein konkretes Optimierungsmodell für sozialistische Volkswirtschaften zu geben versucht. Entscheidend für die Differenz der beiden Positionen ist der Kritikpunkt vier: «Viertens braucht die Kategorie ‹einfache Arbeit› nicht konstant zu bleiben. Wird sie nämlich als die in einer bestimmten ‹Kulturepoche› *durchschnittliche* Arbeit bestimmt, dann kann gerade durch Anhebung der Qualifikation des Durchschnitts eine Abnahme der Streu- und der Reduktionskoeffizienten eintreten, so daß unter Umständen sogar der gewichtete Durchschnitt der Reduktionskoeffizienten aller Arbeitskräfte *abnehmen* kann. Dies geschieht nur dann nicht, wenn die einfache Arbeit der Basisperiode als einfache Arbeit der Endperiode gesetzt ist; aber dies widerspricht der Marxschen Bestimmung der Kategorie der gesellschaftlichen Durchschnittsarbeit.»[26] Zumindest erleichtert wird die Harmonie durch die von Hinrichsen diagnostizierte Verwirrung, die sich aus der wechselnden, methodisch meist nicht hinterfragten Anordnung gleichbleibender Zitate von Marx ergibt.[27]

Die Integration des Marxschen Konzepts der Reduktion von komplizierter auf einfache Arbeit in den Reproduktionskreislauf kann letztlich nur dann einen analytischen Stellenwert bekommen, wenn das quantitative Verhältnis zwischen Bildungsausgaben und Mehrwertrate untersucht wird. Die abstrakte Frage nach dem absoluten Wachstum des Wertprodukts insgesamt ist für das Kapitalverhältnis schon deshalb irrelevant, weil sie die Existenz eines *absoluten* Werts voraussetzen würde. Die für das Kapitalverhältnis entscheidende Frage leutet daher nicht, welche Wirkung auf das Wertprodukt überhaupt, sondern welche Wirkung auf das Verhältnis seiner beiden Teile zueinander, auf die *Mehrwertrate* $\frac{m}{v}$ erzielt wird.

Altvater, für den die komplizierte Arbeit lediglich als Abweichung vom Durchschnitt der einfachen Arbeit gilt, versucht eine direkte Antwort zu geben. Die Aussage von Marx, daß «in jedem Wertbildungsprozeß die höhere Arbeit stets auf die gesellschaftliche Durchschnittsarbeit reduziert werden [muß]»[28] führt er zu dem Schluß, daß «bei gegebner durchschnittlicher Mehrwertrate [. . .] daher auch keine Unterschiede hinsichtlich der Mehrwertrate auftauchen» können, denn «das Wertprodukt komplizierter Arbeit ist in jeder kleinsten Zeiteinheit ein Vielfaches des Wertprodukts der einfachen Arbeit»[29]. Steigende Bildungsausgaben, sofern es sich um die Bildung von Arbeitskräften handelt, die komplizierte Arbeit leisten, müßten sich, Altvaters Modell zufolge, daher mehrwertratenneutral verhalten. Was hieße das aber bei im Zeitverlauf verschieden großen Mehrwertraten? Bei einer Mehrwertrate von 100 Prozent, bei der das variable Kapital und der Mehrwert das Wertprodukt in zwei gleich große Teile teilen, müßte sich für eine zusätzliche Einheit durch Bildungskosten induziertes v eine zusätzliche, gleich große Einheit m ergeben.

Steigt die Mehrwertrate beispielsweise auf 200 Prozent, so müßten sich für eine Einheit variables Kapital gleich zwei Einheiten zusätzlich ergeben, die dem Mehrwert zugeschlagen werden könnten, denn nur dann bliebe die Rate konstant.

«Unter dem Strich» würden sich unter der Voraussetzung der Mehrwertratenneutralität bei einer Mehrwertrate von 100 Prozent pro zusätzlicher Einheit Bildungsausgaben, die als variables Kapital erscheinen, zwei zusätzliche Einheiten Wertprodukt ergeben; bei einer Rate von 200 Prozent bereits drei zusätzliche Einheiten usw. Je höher die Mehrwertrate, desto größer müßte das Wertprodukt sein, das die komplizierte Arbeit zusätzlich produziert.

Daß der Altvatersche Ansatz der Reduktion auf keinen Fall auf den Gesamtprozeß der Reproduktion übertragbar ist, zeigt sich, wenn er mit verschiedenen Kapitalien konfrontiert wird, die mit verschiedenen individuellen Mehrwertraten produzieren, wenn die «durchschnittliche Mehrwertrate» also aus irgendwelchen Gründen nicht mehr gegeben ist. Dann wäre das Wertprodukt der Arbeitskraft, die unter ein Kapital mit höherer Mehrwertrate subsumiert ist, die aber die gleiche komplizierte Arbeit wie eine andere Arbeitskraft ausübt, die unter ein Kapital mit niedriger Mehrwertrate subsumiert ist, beim ersten Kapital absolut höher.

Das Resultat dieser Beziehung: Verhält sich die komplizierte Arbeit zur Mehrwertrate neutral, dann schafft sie bei Kapitalen mit verschiedenen Mehrwertraten ein unterschiedlich großes Wertprodukt. Schafft sie aber bei Kapitalen mit wechselnden Mehrwertraten das gleiche absolute Wertprodukt, dann ist sie nicht mehrwertratenneutral. Altvater bestreitet daher auch, daß Wert der Arbeitskraft und wertbildende Potenz entsprechend den Unterschieden in den Bildungskosten korrelieren müssen.

Rosdolsky bestimmt die Reduktionsproportion indirekt an einem Modell. «Da die höheren Potenzen der qualifizierten Arbeit gewiß keinen okkulten Eigenschaften dieser Arbeit selbst oder ihrer Träger entspringen, so wird sie sich offenbar nur an den empirisch gegebenen und empirisch meßbaren Unterschied in den Ausbildungskosten der gelernten und ungelernten Arbeiter selbst zu halten haben.»[30] Am Beispiel eines Planprojekts glaubt er zeigen zu können, wie zusätzliche Qualifikationskosten in die gesamtgesellschaftliche Buchführung eingehen müßten: «Gesetzt, zur Vollendung eines bestimmten Projekts seien 100 Arbeiter, die 10 Tage arbeiten, nötig, davon aber 10 Arbeiter mit besonderer, überdurchschnittlicher Qualifikation, die speziell für dieses Projekt vorbereitet werden müssen. Um diese Arbeiter auszubilden, muß die Gesellschaft bestimmte Ausgaben bestreiten, die, sagen wir, 200 Arbeitstagen gleichkommen. Es ist nun klar, daß auch diese 200 Arbeitstage von der Gesellschaft ‹verrechnet› werden müssen, wenn ihre Wirtschaftspläne nicht in der Luft hängen sollen. Sie wird also die zur Ausführung des Projekts nötigen Arbeitstage nicht mit 1000, sondern mit 1200 in Anschlag bringen. Der Unterschied zwischen qualifizierter und unqualifizierter Arbeit wird sich also letzten Endes auf den Unterschied in der Ausbildungszeit verschiedener Arbeitskräfte reduzieren.»[31]

Rosdolsky versucht nun, sein Modell auf das Kapitalverhältnis zu übertragen: «Mutatis mutandis gilt aber dasselbe auch für die kapitalistische Produktionsweise, nur daß es hier kein zentrales planendes Organ gibt, daß die Ausbildungszeiten verschiedner Arbeitskräfte gegeneinander abwägen würde, und diese Aufgabe vielmehr den spontanen Kräften des Marktes (des Waren- und Arbeitsmarktes) überlassen werden muß; und daß hier ferner der Zusammenhang zwischen der Ausbildungszeit verschiedner Arbeiter und der zur Erzeugung verschiedner Produkte nötigen Arbeitszeit die Form einer Wechselbeziehung zwischen den Werten der Arbeitskräfte und den Werten der von ihnen hervorgebrachten Waren annehmen muß.»[32] Der Versuch aber, das Modell auf kapitalistische Verhältnisse zu übertragen, muß eben deshalb fragwürdig werden, weil im Sozialismus durch die tendenzielle Aufhebung des Warencharakters der Arbeitskraft als Grundlage der Aufhebung der Produktion von Waren überhaupt die strikte Trennung zwischen dem Tauschwert (v) und dem

Gebrauchswert (v + m) der Ware Arbeitskraft nicht mehr gültig sein muß, und zwar deshalb, weil die Gesellschaft in der Planungskalkulation von der geleisteten Arbeit überhaupt ausgehen muß im Gegensatz zum Kapitalismus, in dem die Einzelkapitale nur die bezahlte Arbeit zur Grundlage ihrer Kalkulation machen können.

Unmittelbar auf das Kapitalverhältnis bezogen, ergäbe sich bei seinem Ansatz, daß das Verhältnis einer weiteren Einheit Bildungsausgaben zu einer, durch die komplizierte Arbeit geschaffenen zusätzlichen Einheit Wertprodukt linear wäre (d. h. direkt proportional, ohne Rücksicht auf die Mehrwertrate). Daraus resultiert bei wachsender Mehrwertrate ein negativer Einfluß auf die Verwertung des Kapitals. Wenn die Mehrwertrate mehr als 100 Prozent beträgt, das heißt wenn m größer als v ist, dann müßte bei wachsenden Bildungsausgaben die Mehrwertrate fallen, da sich die zusätzlichen Einheiten nur additiv verhalten.

Bildungsausgaben würden sich damit effektiv wie der konstante Kapitalteil verhalten, sie würden zwar im Wertprodukt wieder erscheinen, sie selbst wären aber an keiner, über ihre aliquote Größe hinausgehende Produktion von neuem Wert beteiligt.

Die Integration von Harry Maier in die Position I muß problematisch bleiben, weil Maiers Versuch der Lösung des Reduktionsproblems aus einer zur Diskussion in der BRD querstehenden Problemlage heraus erfolgt. Er ist unter dem Aspekt der ökonomischen Planung im Sozialismus zu sehen. «Bei der Erforschung des Zusammenhangs von Bildung und volkswirtschaftlichem Reproduktionsprozeß stößt man auf ein für das ökonomische System des Sozialismus entscheidendes Optimierungsproblem: Wieviel von der in unserer Volkswirtschaft verfügbaren vergegenständlichten Arbeit (also Maschinen, Anlagen und Gebäude) und der lebendigen Arbeit (also der Arbeitskräfte) muß für die Erweiterung der materiellen Produktionsfonds – also der Produktions- und Bildungsspähre der Volkswirtschaft – aufgewandt werden, damit eine maximale Steigerung des Nationaleinkommens über einen längeren Zeithorizont erreicht werden kann. Hierbei muß im Bereich der technisch möglichen Substitution zwischen diesen beiden Einsatzfaktoren jene Kombination herausgefunden werden, die ein Maximum an Nationaleinkommen ergibt, wobei man natürlich nicht außer Acht lassen darf, daß Bildung im sozialistischen Gesellschaftssystem [...] sowohl ein Element der Zielrealisierung als auch Faktor des ökonomischen Wachstums darstellt. [...] Von größter Bedeutung ist hierbei die Vergleichbarkeit von Bildungsfonds und materiellen Produktionsfonds.»[33]

Dabei ist selbstverständlich, sobald es um verschiedene Ausbildungsniveaus geht, das Problem zu lösen, wie die unterschiedlichen Reproduktionskosten in der Produktion (später) zu Buche schlagen. Wir bewegen uns damit auf einer neuen Ebene, die durch den Planungsimperativ des Sozialismus gegeben ist. Maier kann daher vom Wert der Arbeitskraft (Tauschwert) auf die wertschaffende Potenz der Arbeit (Gebrauchswert) induzieren, weil für den sozialistischen Plan die strikte Dichotomie zwischen beidem nicht mehr gelten muß, wenn der Warencharakter der Arbeitskraft tendenziell aufgehoben wird.

Mit seinem Reduktionskoeffizienten geht Maier nicht ausdrücklich auf das Problem der Mehrwertrate ein, er scheint aber das Rosdolskysche Modell zu übernehmen, das heißt die Verrechnung der Bildungsproduktionskosten. Seine Berechnungsmethode produziert jedoch eine eigene Lösung, denn er wandelt das Modell quantitativ, und das ist hier entscheidend, durch Hereinnahme der «unsichtbaren Kosten», ab. Er addiert zu den direkten Reproduktionskosten, die durch die Ausbildung entstanden sind, jene unsichtbaren Kosten (*opportunity costs*) hinzu, die von den Individuen produziert worden wären, wenn sie sich sofort nach der achten Klasse, statt noch weiter im Ausbildungssystem zu bleiben, an die Werkbank gestellt hätten. «Wenn sich die Gesellschaft entschließt, einen Teil ihrer Mitglieder einem längeren Ausbildungsprozeß zu unterziehen, so verzichtet sie damit für die Dauer der Ausbildung dieser Arbeitskräfte auf deren gebrauchswert- und wertschaffende Tätigkeit in der materiellen Produktion. Ohne Zweifel stellt dieses der Gesellschaft und den Individuen entgangene Einkommen ein echtes Element des Aufwands dar und muß bei langfristigen bildungspolitischen Entscheidungen berücksichtigt werden.»[34]

Die Aufrechnung der *opportunity costs* ist nicht unproblematisch, denn sie geht davon aus, daß die Gesellschaft zwischen verschiedenen Einsatzverhältnissen von komplizierter und einfacher Arbeit beliebig wählen kann, so daß das Volkseinkommen einer Gesellschaft, in der es keine komplizierte Arbeit gibt, gegen das Volkseinkommen einer Gesellschaft aufgerechnet werden könnte, in der sowohl einfache als auch komplizierte Arbeit angewandt wird. Mit anderen Worten: Das Modell unterstellt eine gegenseitige totale Ersetzbarkeit verschiedener Faktorenverhältnisse bis hin zum Extrem einer Gesellschaft, die ohne qualifizierte Arbeitskräfte auskommt. Es unterstellt ferner, indem es die «faktischen» Reproduktionskosten der qualifizierten Arbeitskräfte mit Hilfe der faktischen Einkommen der einfachen Arbeitskräfte berechnet, daß das Substitutionalitätsverhältnis völlig linear ist. Die Produktivität der einfachen Arbeit wäre dann vollkommen unabhängig von der Produktivität der komplizierten Arbeit und umgekehrt, so daß keine Beziehung zwischen der Ausübung der komplizierten und der einfachen Arbeit angenommen werden müßte. Das aber widerspräche der Maierschen Voraussetzung, daß «komplizierte und einfache Arbeit in einem ökonomisch bestimmten Verhältnis zueinander stehen.»[35]

Daher stellen die *opportunity costs* in diesem Zusammenhang keine wirkliche, sondern eine bloß hypothetische Größe dar, ein Planungsregulativ. Als Mittel der zielgerichteten Optimierung kann die Einführung der hypothetischen Größe äußerst trickreich sein. Bei der normalen Berechnung der Reproduktionskosten ergibt sich nämlich für die Verteilung der Ressourcen keine Prärogative für die Bildung. Werden jetzt die «unsichtbaren Kosten» in das Berechnungsmodell eingeführt, so ergibt sich eben durch sie eine sichtbare Wirkung auf die Berechnung des Maximums, oder Optimums der Investitionen, das eher zur Bildungsinvestitionen neigt, als dies ohne die unsichtbaren Kosten der Fall wäre, weil die «unsichtbaren Kosten» qua Verrechnung im Reduktionskoeffizienten das Wertprodukt der komplizierten Arbeit anwachsen lassen.

Wird Maiers Modell nun, ohne Rücksicht auf die Ebene seiner Argumentation, auf kapitalistische Verhältnisse bezogen (was zumindest formell ganz einfach ist, da Maier vom Wertbegriff ausgeht), so ergibt sich eben durch die *opportunity costs* eine positive Wirkung auf die Mehrwertrate. Da die *opportunity costs* nicht Teil der Reproduktionskosten sein können, in den Wert der Arbeitskraft daher real nicht eingehen, andererseits aber im Reduktionskoeffizienten auftauchen, werden sie die wertbildende Potenz der Arbeit (innerhalb des Modells) beeinflussen. Die Mehrwertrate wächst mit der Zunahme der *opportunity costs*, und der Effekt ist modelltheoretisch um so größer, je höher diese relativ sind. Mit wachsender Exploitationsrate nimmt allerdings der positive Effekt ab, weil die *opportunity costs* dann nicht mehr so stark ins Gewicht fallen.

Für die Position I ergibt sich, unter dem Aspekt der Wirkung von Bildungsausgaben oder wachsenden Bildungsausgaben auf die Mehrwertrate, kein einheitliches Bild. Zum Teil ergeben sich immanente Widersprüche, besonders dann, wenn ein direkter Lösungsversuch angestrebt wird.

Die zweite Position geht davon aus, daß wachsende Ausbildungsausgaben den gesamtgesellschaftlich produzierten Mehrwert schmälern müssen, selbst dann, wenn sie die Qualifikationsstruktur der Gesellschaft insgesamt verbessern oder heben. Bildungsausgaben, auch wachsende Ausgaben, sind nur reaktiv einsetzbar, sie werden weder funktional noch kausal auf das Volkseinkommen direkt einwirken können. Mit Ausbildung läßt sich zwar das Durchschnittsniveau der einfachen Arbeitskraft verändern, das Wertprodukt des gewachsenen Durchschnitts bleibt aber konstant, da es sich auf einen (der Möglichkeit der Veränderung unterworfenen) gesellschaftlichen Durchschnitt bezieht.

4.4 Auflösung des Widerspruchs

Wird das Reproduktionsmodell der Position II mit der realen Entwicklung konfrontiert, dann scheint sich ein krasser Widerspruch zu ergeben, denn in der Logik dieser Reproduktion müßte es liegen, daß die kapitalistische Gesellschaft die Bildungsausgaben immer weiter minimiert.

Im Gegensatz dazu steigen die realen Bildungsausgaben in allen kapitalistischen Ländern, besonders seit dem Beginn des 20. Jahrhunderts. In der Beurteilung eines langfristigen Trends des Wachstums der Bildungsaus-

Schulausgaben insgesamt als Prozentanteil

	des Volkseinkommens	der gesamten öffentlichen Ausgaben
1913/14	2,80	17,09
1925/26	3,48	13,85
1926/27	3,57	12,50
1927/28	3,64	13,08
1928/29	3,76	13,13
1929/30	3,96	13,75
1930/31	4,06	13,20
1931/32	4,18	13,27
1932/33	4,50	13,23
1933/34	4,36	
1934/35	4,01	
1935/36	3,59	
1936/37	3,30	
1937/38	3,14	
1949/50	3,18	9,26
1950/51	3,11	8,95
1951/52	3,18	8,43
1952/53	3,36	8,91
1953/54	3,73	9,34
1954/55	3,80	9,60
1955/56	3,64	10,15

Quelle: F. Edding: *‹Internationale Tendenzen in der Entwicklung der Ausgaben für Schulen und Hochschulen›*. Kiel 1958.

gaben sind sich allerdings besonders die bürgerlichen Ökonomen einig. Häufig wird er sogar zur Begründung der modernen Bildungsökonomie überhaupt. Wird das Wachstum der Bildungsausgaben in Prozenten des Volkseinkommens betrachtet (wahrscheinlich der beste, leicht zugängliche statistische Indikator), dann zeigt sich allerdings, daß das Wachstum keineswegs so bedeutend ist, wie von einigen Bildungsökonomen vorgestellt. Für längere Perioden ist sogar eine sinkende Tendenz der Bildungsausgaben als Anteil an den gesamten öffentlichen Ausgaben festzustellen.[36]

Das Erstaunen der Bildungsökonomen angesichts wachsender Bildungsausgaben kann sich darum nur auf die Entwicklung der letzten 10 bis 15 Jahre, insbesondere in der Bundesrepublik beziehen. Allerdings ist auch hier die Entwicklung nicht gerade sensationell, besonders wenn berücksichtigt wird, daß die Bundesrepublik nach der Schließung der DDR-Grenzen 1961 gezwungen wurde, das Ausbildungssystem in erheblichem Maße auszubauen, um den unterbrochenen Zufluß qualifizierter und hochqualifizierter Arbeitskräfte aus der DDR zu kompensieren. So stiegen die öffentlichen Ausgaben für das Bildungswesen als Anteil des Bruttosozialprodukts von 2,2 Prozent auf 3,05 Prozent in der Periode 1955 bis 1967, am stärksten ist, wie zu erwarten ist, der Anstieg zwischen 1960 und 1965.[37] Hegelheimer zum Beispiel geht im Jahre 1968 bei einer Rate des Bildungsaufwands von 3,4 Prozent (Anteil am Sozialprodukt) davon aus, daß der Bildungsaufwand ein derart beträchtliches «quantitatives Gewicht» erhalten hat, daß bildungsökonomisch fundierte Entscheidungen unbedingt notwendig werden. Verglichen mit den Daten der letzten 50 Jahre ist Hegelheimers Feststellung zumindest erstaunlich zu nennen.[38]

Dennoch zeigt sich ein eindeutiger Entwicklungstrend, wenn Bildungsausgaben im internationalen Vergleich verschieden hochentwickelter Nationen verglichen werden.

Eben die eindeutige Beziehung zwischen Bildungsintensität und industrieller Entwicklungsstufe müßte vom Reproduktionsmodell der Position II heraus ständig gegenläufigen Trends hergeleitet werden. Altvater und Huisken heben besonders die technische Entwicklung hervor, die die Kapitalistenklasse ingesamt zwingt, auch um den Preis fallender Mehrwertraten das Ausbildungssystem zu verbessern und die Produktion von Qualifikationen intensivieren zu lassen.[39] Die Herleitung eindeutiger Trends der Technisierung stößt jedoch sowohl methodologisch als auch empirisch auf ungelöste Probleme. Besonders wenn der Reproduktionszusammenhang so eindeutig ist, müßte sich doch aus dem Zwang zur Maximierung der Profite eine Tendenz fallender Bildungsausgaben durchsetzen.[40]

Versucht man jedoch, die Bildungsausgaben – die Notwendigkeit intensiverer Qualifikationsleistung des Ausbildungssystems – in einen syste-

Tabelle 2

Land	Volkseinkommen pro Kopf	Schulausgaben als Prozent des Volkseinkommens
Vereinigte Staaten	2237	6,2
Kanada	1528	5,9
Schweden	1470	5,0
Australien	1187	3,5
Vereinigtes Königreich	1036	4,4
Bundesrepublik	985	3,8
Frankreich	968	3,5
Portugal	234	2,2
Brasilien	107	2,7
Indische Union	64	1,8

Quelle: F. Edding: *‹Ökonomie des Bildungswesens›*. Freiburg 1963.

matischen Zusammenhang mit der Kapitalstruktur des Produktionsprozesses zu stellen, dann zeigt sich, daß die ceteris paribus-Bedingung, von der die Position II bei der «Schmälerung des Gesamtmehrwerts der Kapitalistenklasse» ausgeht, eine falsche Abstraktion beinhaltet. Solange die technische Zusammensetzung des Produktionsprozesses konstant bleibt, ergibt sich doch noch nicht die Notwendigkeit einer Veränderung der dem Prozeß komplementären Qualifikationsstruktur, unter sonst gleichbleibenden Bedingungen, also ceteris paribus, daher auch nicht die Notwendigkeit einer Veränderung der Produktionsleistung des Ausbildungssystems.

Die Notwendigkeit wachsender Qualifikation ergibt sich doch nur aus der Notwendigkeit einer veränderten technischen Zusammensetzung des Produktionsprozesses, die selbst nur dann durchgesetzt werden kann, wenn sie Produktionsbedingung des Extramehrwerts oder Resultat des moralischen Verschleißes ist. Sie ergibt sich daher nur, wenn bessere Qualifikationen notwendige Bedingung des Wachstums der Produktivkräfte darstellen, das heißt nur unter der Bedingung der Produktion des relativen Mehrwerts und damit einer veränderten Rate des Mehrwerts.

Veränderte Qualifikationsanforderungen sind darum immer mit (zumindest virtuell) wachsenden Mehrwertraten verbunden, auch wenn wachsende Ausbildungskosten wieder verlangsamen (weil v wieder zunimmt) und in Extremfällen sogar umkehren können. Die Ausweitung der ceteris paribus-Bedingung der Position II um variable Mehrwertraten stellt sich daher mit Notwendigkeit auf der Basis der Reproduktionsanalyse dieser Position von selbst.

Es ist darum notwendig, die durch wachsende Produktivkräfte ausgelöste Steigerung der Mehrwertrate auf die Bildungsausgaben zu beziehen.

Mit dem – relativ zum Wertprodukt – sinkenden Lohn der Arbeiter bei steigenden Mehrwertraten werden – relativ – die Bezüge der Lehrer sinken, so daß die Bildungskosten relativ fallen könnten. Mit wachsender Bildungsintensität müßten daher die Bildungsausgaben nicht im gleichen Maße steigen.

An einem amerikanischen Beispiel läßt sich die strukturelle Vergleichbarkeit des Einkommens von Lehrern und produktiven Arbeitern zumindest indikativ zeigen:

Tabelle 3

Einkommen pro Jahr im Vergleich in den Vereinigten Staaten

Einkommensgruppe	1953	1904	Kaufkraftänderung
Präsident einer großen Universität	7000 $	2000 $	– 2 %
Assistant-Prof.	4600 $	1300 $	– 2 %
Teachers in big city highschools	5526 $	1597 $	– 1 %
Teachers in big city elementary schools	4817 $	873 $	+ 40 %
Railroad awitchtenders	4697 $	587 $	+134 %
Workers in automobile industry	4947 $	594 $	+140 %

Quelle: F. Edding: *‹Ökonomie des Bildungswesens›*. Freiburg 1963.

Das amerikanische Beispiel zeigt eine «Überkorrelation» zwischen den Einkommen der Industriearbeiter und den im Ausbildungssystem beschäftigten.

Auch im zweiten Fall läßt sich eine empirisch eindeutige Beziehung herstellen:

Es gibt ein Anzeichen dafür, daß die abnehmende Tendenz der Personalausgaben als Anteil an den Bildungsausgaben mit der qualitativen Verbesserung der Bildung gestoppt werden wird, zumindest dann, wenn sie sich

Tabelle 4

Anteil der Personalausgaben an den Bildungsausgaben in Prozent in der BRD

Jahr	in laufenden Preisen	in konstanten Preisen
1950	68 %	74 %
1955	66 %	65 %
1959	62 %	59 %
1962	59 %	55 %

Quelle: G. Palm: ‹*Die Kaufkraft der Bildungsausgaben*›. Olten und Freiburg 1966.

über die Ausweitung der Sekundärstufenbildung vollziehen wird, denn in der Sekundärstufe ist der Anteil der Personalausgaben an den gesamten Ausgaben ungefähr um 10 Prozent höher.[41]

Soweit die hier aufgeführten empirischen Zusammenhänge indikativ gelten, läßt sich darum eine enge Beziehung zwischen steigenden Mehrwertraten und Ausbildungsausgaben herstellen. Mit wachsender Ausbeutungsrate fallen die Bildungsausgaben relativ, sofern die strukturelle Vergleichbarkeit bestehen bleibt. Andererseits kann die produktivere oder intensivere Arbeit wachsende Qualifikationsintensität erfordern, mit dem Resultat, daß die Bildungsausgaben absolut wachsen müssen.

Sofern es nicht um die sozialistische Planung geht, für die sich durch den Reduktionsansatz ein Modus der Integration und der Verrechnung von Bildungsausgaben finden läßt, erweist sich der Reduktionsansatz im Kontext des Reproduktionskreislaufs wesentlich als Scheinproblematisierung. Die Integration des Reduktionsansatzes führt am entscheidenden Punkt zu Widersprüchen: bei der Mehrwert*rate*. Der Reduktionsansatz ist der verkürzte Begriff einer Dynamik, die sich im Kreislauf entfalten kann, wenn die Produktivkräfte, und, daraus abgeleitet, die Bildungsausgaben steigen. Es entsteht dann letzten Endes eben jener Effekt, der mit dem Reduktionsansatz beschrieben werden soll: Wachsende Ausbildungsintensität wird zur Voraussetzung wie zur Folge der Produktion des relativen Mehrwerts, das heißt steigender Mehrwertraten und wachsender Mehrwertmassen, nur daß der Reduktionsansatz zwei Momente der Beziehung, Ausbildungskosten und Wertprodukt, isoliert und zwischen ihnen unmittelbar jene Beziehung herstellen will, die sich erst vermittelt ergibt.

Anmerkungen, Teil 4

Das Ausbildungssystem im Reproduktionskreislauf des Kapitals

1 I. Illich: ‹*Plädoyer für die Abschaffung der Schule*›. In: *Kursbuch* 24 (1971), S. 6.

2 Illich, a. a. O., S. 3.

3 Es ist von der Mehrwertrate und nicht von der Profitrate auszugehen, obwohl diese für das einzelne, in der Konkurrenz befangene Kapital, die entscheidende Rolle spielt, aber in der Profitrate sind m und v ununterscheidbar zum Kostpreis zusammengeschlossen, während beim Wertprodukt gerade von c abstrahiert wird.

4 K. Marx: ‹*Kritik der politischen Ökonomie*›. MEW Bd. 13, S. 19.

5 K. Marx: ‹*Kapital I*›. MEW Bd. 23, S. 211 f.

6 Variables Kapital (v) und Mehrwert (m) ergänzen sich zum Wertprodukt (Wp):

$Wp = v + m$

Ist Wp konstant und gilt $v_1 > v_0$, dann muß gelten $m_1 < m_0$.

7 Marx, a. a. O., S. 212.

8 Vgl. P. N. V. Tu: ‹*The Classical Economists and Education*›. In: *Kyklos ss.* 22. Jg., 1969 S. 691 ff.

9 D. Ricardo: ‹*The Work and the Correspondence of D. Ricardo*›. Hg. v. P. Sraffa. London 1952, Bd. 1, S. 22. Zitiert aus P. N. V. Tu, a. a. O., S. 679.

10 K. Marx: ‹*Grundrisse der Kritik der politischen Ökonomie*›. Berlin 1953, S. 729 f.

11 R. Rosdolsky: ‹*Zur Entstehungsgeschichte des Marxschen 'Kapital'*›. Bd. 2, S. 609.

12 Vgl. an neuer Literatur zum Reduktionsproblem: E. Altvater und F. Huisken: ‹*Programmatische Aspekte einer politischen Ökonomie des Ausbildungssektors*›. In: ‹*Materialien zur politischen Ökonomie des Ausbildungssektors*›. Erlangen 1971; E. Altvater: ‹*Qualifikation der Arbeitskraft und Kompliziertheit der Arbeit. Bemerkungen zum Reduktionsproblem*›. In: ‹*Materialien*›, a. a. O., S. 253 ff; D. Hinrichsen: ‹*Zum Problem der Reduktion komplizierter auf einfache Arbeit*›. In: ‹*Materialien*›, a. a. O., S. 303 ff; H. und R. Intheveen u. a.: ‹*Zum Reduktionsproblem*›. In: ‹*Materialien*›, a. a. O., S. 342 ff; H. Maier: ‹*Die Reduktion der komplizierten auf einfache Arbeit im Lichte der Marxschen Werttheorie*›. In: ‹*Probleme der Politischen Ökonomie*›. Bd. 10. Berlin 1967; ders (zus. mit A. Knauer u. a.): ‹*Bildungsökonomie. Aufgaben, Probleme, Lösungen*›. Berlin 1968; K. H. Roth u. a.: ‹*Unwissen als Ohnmacht. Zum Wechselverhältnis von Kapital und Wissenschaft*›. Berlin 1970; R. Rosdolsky: ‹*Das Problem der qualifizierten Arbeit*›. In: ‹*Zur Entstehungsgeschichte des Marxschen 'Kapital'*›. Bd. 2, S. 597 ff. Bei Maier sowie bei Rosdolsky ist die klassische Kontroverse um das Reduktionsproblem, die sich an das Erscheinen des ‹*Kapital*› anschloß, dokumentiert, wir gehen auf diese Kontroverse hier nicht ein, weil sie von einer anderen Fragestellung ausgeht.

13 H. Berg: ‹*Ökonomische Grundlagen der Bildungsplanung*›. Berlin 1965, S. 27 f. Die Mystifikation, die im Begriff «*investment in human beings*» und daraus folgend im Begriff «*human capital*» liegt, ist bereits ausführlich, besonders in den

‹*Materialien*› dargestellt worden.

14 Aus Armin Hegelheimer: ‹*Bildungsökonomie und Bildungsplanung*›.

15 A. Knauer u. a.: ‹*Bildungsökonomie*›, a. a. O., S. 21.

16 Roth u. a.: ‹*Unwissen als Ohnmacht*›, a. a. O., S. 79. Zur Theorie, daß die Bildungskosten kein Bestandteil der Revenue sind siehe weiter unten und auch E. Altvater: ‹*Qualifikation der Arbeitskraft und Kompliziertheit der Arbeit*› a. a. O., S. 294f.

17 R. Rosdolsky: ‹*Das Problem der qualifizierten Arbeit*›, a. a. O., S. 612.

18 H. Maier in: ‹*Bildungsökonomie*›, a. a. O., S. 32.

19 Maier, a. a. O., S. 53f.

20 Maier, a. a. O., S. 54 (Hervorhebung im Text von mir; M. M.).

21 Maier, a. a. O., S. 54.

22 Symbolisiert sieht er dann so aus (S. 54):

$$R_k = \frac{\sum_i^n C_{ik} / J_{pk}}{\sum_i^n C_{ikl} / J_{pkl}}$$

Hierbei sind:

C_{ik} – Reproduktionskosten einer qualifizierten Arbeitskraft

C_{ikl} – Reproduktionskosten einer unqualifizierten Arbeitskraft

J_{pk} – Anzahl der Jahre der produktiven Tätigkeit einer qualifizierten Arbeitskraft

J_{pkl} – Anzahl der Jahre der produktiven Tätigkeit einer unqualifizierten Arbeitskraft

R_k – Reproduktionskoeffizient einer qualifizierten Arbeitskraft.

23 Altvater: ‹*Materialien*›, a. a. O., S. 256.

24 Maier, a. a. O., S. 55.

25 Altvater: ‹*Materialien*›, a. a. O., S. XXI (Hervorhebung im Text von mir; M. M.).

26 Altvater: ‹*Materialien*›, a. a. O., S. 281.

27 Siehe auch Rosdolsky, a. a. O., S. 612f (Fußnote), der die gleiche Feststellung mit Bezug auf die klassische Reduktionsdiskussion, Böhm-Bawerk, Bauer, etc. gibt.

28 K. Marx: ‹*Kapital I*›. MEW Bd. 23, S. 206.

29 Altvater: ‹*Materialien*›, a. a. O., S. 291.

30 Rosdolsky, a. a. O., S. 611f.

31 Ebd., S. 612.

32 Ebd.

33 Maier, a. a. O., S. 32.

34 Ebd.

35 Ebd.

36 Vgl. auch H. J. Bodenhöfer, der zum gleichen Ergebnis kommt. Bodenhöfer, a. a. O., S. 55.

37 *Bildungsbericht '70*. Bonn 1970.

38 Hegelheimer, a. a. O., S. 11.

39 Altvater: ‹*Materialien*›, a. a. O., S. XXII.

40 Vgl. Abschnitt 1 und besonders H. Kern, M. Schumann: ‹*Industriearbeit und Arbeiterbewußtsein*›. In: ‹*Wirtschaftliche und soziale Aspekte des technischen Wandels in der Bundesrepublik Deutschland*›. Bd. I, Sieben Berichte. Frank-

furt am Main 1970. Bei der Kategorisierung von acht Mechanisierungsstufen kommen sie empirisch, wenn sie die Entwicklung vom reinen Handbetrieb zur höchsten Stufe, den teilautomatisierten Aggregatsystemen hin betrachten, zu dem Ergebnis eines sehr diskontinuierlichen Verlaufs des erforderlichen Qualifikationsniveaus (S. 319).

41 G. Palm: ‹*Die Ausgaben für Schulen und Hochschulen in der BRD 1950–60*›. Frankfurt am Main, S. 91.

Texte zur Diskussion des Marxismus

Louis Althusser / Etienne Balibar, Das Kapital lesen Bd. I + II [rde 336 + 337]

Michail Bakunin, Gott und der Staat und andere Schriften = Texte des Sozialismus und Anarchismus [rk 240]

Eduard Bernstein, Die Voraussetzungen des Sozialismus und die Aufgaben der Sozialdemokratie = Texte des Sozialismus und Anarchismus [rk 252]

Ernst Bloch, Karl Marx und die Menschlichkeit. Utopische Phantasie und Weltveränderung [rde 317] – Freiheit und Ordnung. Abriß der Sozialutopien. Mit Quellentexten [rde 318]

Hans Christoph Buch (Hg.), Parteilichkeit der Literatur oder Parteiliteratur. Materialien zu einer undogmatischen Ästhetik [dnb 15]

Nikolaj Bucharin, Ökonomik der Transformationsperiode = Texte des Sozialismus und Anarchismus [rk 261]

Milovan Djilas, Die unvollkommene Gesellschaft. Jenseits der «Neuen Klasse» [rororo 1377]

Friedrich Engels in Selbstzeugnissen und 70 Bilddokumenten dargestellt von Helmut Hirsch [rm 142]

Frantz Fanon, Die Verdammten dieser Erde. Vorwort: Jean-Paul Sartre [rororo aktuell 1209]

Ernst Fischer, Kunst und Koexistenz. Beitrag zu einer modernen marxistischen Ästhetik [RP 53]
– Auf den Spuren der Wirklichkeit. Sechs Essays [RP 62]
– Die Revolution ist anders. Ernst Fischer stellt sich zehn Fragen kritischer Schüler [rororo aktuell 1458]

Die Frühsozialisten 1789–1848 II = Texte des Sozialismus und Anarchismus = [rk 280]

Roger Garaudy, Marxismus im 20. Jahrhundert – [rororo aktuell 1148] – Die ganze Wahrheit oder Für einen Kommunismus ohne Dogma [rororo aktuell 1403] – Kann man heute noch Kommunist sein? Eine historisch-dialektische Analyse [RP 72]

Garaudy/Metz/Rahner, Der Dialog oder Ändert sich das Verhältnis zwischen Katholizismus und Marxismus? [rororo aktuell 944]

Ernesto Che Guevara, Brandstiftung oder Neuer Friede? Reden und Aufsätze. Hg. und mit einem Nachwort versehen von Sven G. Papcke [rororo aktuell 1154]
– Aufzeichnungen aus dem kubanischen Befreiungskrieg 1956–1959. Mit einem einleitenden Text von Fidel Castro [RP 71]

Robert Havemann, Dialektik ohne Dogma? Naturwissenschaft und Weltanschauung [rororo aktuell 683]
– Fragen, Antworten, Fragen. Aus der Biographie eines deutschen Marxisten [rororo 1556]

Günter Hillmann, Die Befreiung der Arbeit. Die Entwicklung kooperativer Selbstorganisation und die Auflösung bürokratisch-hierarchischer Herrschaft [rde 342]

Werner Hofmann, Grundelemente der Wirtschaftsgesellschaft – Ein Leitfaden für Lehrende [rororo aktuell 1149]

Ho Tschi Minh in Selbstzeugnissen und 70 Bilddokumenten dargestellt von Reinhold Neumann-Hoditz [rm 182]

Joachim Israel, Der Begriff der Entfremdung. Makrosoziologische Untersuchung von Marx bis

457/9–9a

zur Soziologie der Gegenwart [rde 359]

Leo Kofler, Perspektiven des revolutionären Humanismus [RP 70]

Lateinamerika – Ein zweites Vietnam? Texte von Douglas Bravo, Fidel Castro, Régis Debray, Ernesto Che Guevara u. a. Hg. von Giangiacomo Feltrinelli [RP 66]

Wladimir Iljitsch Lenin, Für und wider die Bürokratie. Schriften und Briefe 1917–1923 = Texte des Sozialismus und Anarchismus [rk 246]

Wladimir Iljitsch Lenin, in Selbstzeugnissen und 70 Bilddokumenten dargestellt von Hermann Weber [rm 168]

Georg Lukács, Russische Literatur. Russische Revolution. Puschkin / Tolstoi / Dostojewskij / Fadejew / Makarenko / Scholochow / Solschenizyn. Ausgewählte Schriften III [rde 314]
– Marxismus und Stalinismus, Politische Aufsätze. Ausgewählte Schriften IV [rde 327]

Gespräche mit Georg Lukács
Hans Heinz Holz / Leo Kofler / Wolfgang Abendroth. Hg. von Theo Pinkus [RP 57]

Rosa Luxemburg, Schriften zur Theorie der Spontaneität = Texte des Sozialismus und Anarchismus [rk 249]
– Einführung in die Nationalökonomie [rk 268]

Rosa Luxemburg, in Selbstzeugnissen und 70 Bilddokumenten dargestellt von Helmut Hirsch [rm 158]

Mao Tse-tung, Theorie des Guerillakrieges oder Strategie der Dritten Welt. Einleitender Essay von Sebastian Haffner [rororo aktuell 886]

Mao Tse-tung in Selbstzeugnissen und 70 Bilddokumenten dargestellt von Tilemann Grimm [rm 141]

Karl Marx, Texte zu Methode und Praxis. Hg. von Günter Hillmann. I: Jugendschriften 1835–1841 [rk 194] – II: Pariser Manuskripte 1844 [rk 209] – III: Der Mensch in Arbeit und Kooperation. Aus den Grundrissen der Kritik der politischen Ökonomie 1857/58 [rk 218]

Karl Marx in Selbstzeugnissen und 70 Bilddokumenten dargestellt von Werner Blumenberg [rm 76]

Gajo Petrović, Philosophie und Revolution. Modelle für eine Marx-Interpretation. Mit Quellentexten [rde 363]

Pierre Joseph Proudhon, Bekenntnisse eines Revolutionärs um zur Geschichtsschreibung der Februarrevolution beizutragen = Texte des Sozialismus und Anarchismus [rk 243]

Ernst Richert, Die DDR-Elite oder Unsere Partner von morgen? [rororo aktuell 1038]

Jean-Paul Sartre, Kolonialismus und Neokolonialismus. Sieben Essays [RP 68] – Kritik der dialektischen Vernunft Band I. Theorie der gesellschaftlichen Praxis. Geb. – Marxismus und Existentialismus. Versuch einer Methodik [rde 196]

Josef W. Stalin, Schriften zur Ideologie der Bürokratisierung = Texte des Sozialismus und Anarchismus [rk 258]

Sergej Tretjakov, Die Arbeit des Schriftstellers. Aufsätze, Reportagen, Porträts. Hg. von Heiner Boehncke [dnb 3]

Leo Trotzki, Schriften zur revolutionären Organisation = Texte des Sozialismus und Anarchismus [rk 270]

Leo Trotzki in Selbstzeugnissen und 70 Bilddokumenten dargestellt von Harry Wilde [rm 157]